Kant zum Vergnügen

# Kant zum Vergnügen

Herausgegeben von
Volker Gerhardt

Mit 8 Abbildungen

Reclam

RECLAMS UNIVERSAL-BIBLIOTHEK Nr. 18851
2003, 2012 Philipp Reclam jun. GmbH & Co. KG,
Siemensstraße 32, 71254 Ditzingen
info@reclam.de
Umschlagillustration: Nikolaus Heidelbach
Umschlaggestaltung: Eva Knoll
Druck und Bindung: Esser printSolutions GmbH,
Untere Sonnenstraße 5, 84030 Ergolding
Printed in Germany 2025
RECLAM, UNIVERSAL-BIBLIOTHEK und
RECLAMS UNIVERSAL-BIBLIOTHEK sind eingetragene Marken
der Philipp Reclam jun. GmbH & Co. KG, Stuttgart
ISBN 978-3-15-018851-4
reclam.de

# Inhalt

# Vorwort

Kant wird noch immer verkannt. Zwar stellt heute niemand seine philosophische Größe in Abrede; kaum einer würde bestreiten, dass er neben Sokrates, Platon und Aristoteles zu den bedeutendsten Denkern des Abendlandes gehört; und trotz der Größe Hegels ist kein Nachfolger in Sicht, der ihn überragt. Doch Kant ist so sehr zum Inbegriff des pedantischen, schwerfällig schreibenden und alles in den Schubladen seines Systems abladenden Professors geworden, dass man ihm den genialischen Schwung des wirklich großen Menschen nicht zugesteht. Zwar verdanken wir ihm den entscheidenden Impuls zur Theorie des Genies, in deren Licht wir Homer, Dante, Shakespeare und Goethe deuten und in deren Schatten auch manche Philosophen des 19. und 20. Jahrhunderts groß geworden sind. Gleichwohl bleibt Kant von solchen Erwartungen unberührt. Das ist auch nur gerecht, denn schließlich hat er selbst einigen Wert darauf gelegt, die Wissenschaft nicht in den Geruch des Genialen zu bringen.

Aber er hat es verstanden, ihr den Charakter des Menschlichen zu bewahren. Selbst in den größten Abstraktionen der Transzendentalphilosophie bleibt die leitende Frage nach dem Selbstverständnis des Menschen lebendig. Dort, wo Kant sich direkt mit den Lebensverhältnissen des Menschen beschäftigt, tritt seine »Leutseligkeit« hervor, die er selbst mit dem Begriff der »Humanität« übersetzt. Wo er aber leutselig ist, da kommt seine bezwingende Heiterkeit zum Vorschein. »Kant zum Vergnügen« bedarf daher keiner literarischen Verfremdung des großen Anwalts von Gesetz und Pflicht. Man braucht nur Kants Überzeugung ernst zu nehmen, dass die pflichtbewussten Menschen nichts erreichen, wenn sie sich nicht auch ihrer Neigung versichern können. Kurz: Zum Ernst des moralischen Bewusstseins, wenn es denn Erfolg haben will, gehört die Heiterkeit.

Wen nach dem Vergnügen dieses Buches auch der Ernst der kritischen Philosophie interessiert, der sei auf die Gesamtdarstellung: *Immanuel Kant. Vernunft und Leben* verwiesen. Das Beste aber wäre, er könnte sich zu eigener Lektüre der Kantischen Schriften entschließen.

*Volker Gerhardt*

I

# Theoretisches zum Vergnügen

Die verschiedene Empfindungen des Vergnügens, oder des Verdrusses, beruhen nicht so sehr auf der Beschaffenheit der äußeren Dinge die sie erregen, als auf das jedem Menschen eigene Gefühl, dadurch mit Lust oder Unlust gerührt zu werden. Daher kommen die Freuden einiger Menschen, woran andre einen Ekel haben, die verliebte Leidenschaft, die öfters jedermann ein Rätsel ist, oder auch der lebhafte Widerwille, den der eine woran empfindet, was dem andern völlig gleichgültig ist. Das Feld der Beobachtungen dieser Besonderheiten der menschlichen Natur erstrecket sich sehr weit und verbirgt annoch einen reichen Vorrat zu Entdeckungen, die ebenso anmutig als lehrreich sein. Ich werfe vorjetzt meinen Blick nur auf einige Stellen, die sich in diesem Bezirke besonders auszunehmen scheinen, und auch auf diese mehr das Auge eines Beobachters als des Philosophen.

Weil ein Mensch sich nur insoferne glücklich findet, als er eine Neigung befriedigt, so ist das Gefühl, welches ihn fähig macht, große Vergnügen zu genießen, ohne dazu ausnehmende Talente zu bedürfen, gewiss nicht eine Kleinigkeit. Wohlbeleibte Personen, deren geistreichester Autor ihr Koch ist und deren Werke von feinem Geschmack sich in ihrem Keller befinden, werden bei gemeinen Zoten und einem plumpen Scherz in ebenso lebhafte Freude geraten, als diejenige ist, worauf Personen von edeler Empfindung so stolz tun. Ein bequemer Mann, der die Vorlesung der Bücher liebt, weil es sich sehr wohl dabei einschlafen lässt; der Kaufmann, dem alle Vergnügen läppisch scheinen, dasjenige ausgenommen, was ein kluger Mann genießt, wenn er seinen Handlungsvorteil überschlägt; derjenige, der das andre Geschlecht nur insoferne liebt, als er es zu den genießbaren Sachen zählet; der Liebhaber der Jagd, er mag nun Fliegen jagen wie Domitian oder wilde Tiere wie A – –: alle diese haben ein Gefühl welches sie fähig macht, Vergnügen nach ihrer Art zu genießen, ohne dass sie andere beneiden dörfen oder auch von andern sich einen Begriff machen können; allein ich wende vorjetzt darauf keine Aufmerksamkeit. Es gibt noch ein Gefühl von feinerer Art, welches entweder darum so genennet wird, weil man es länger ohne Sättigung und Erschöpfung genießen kann, oder weil es sozusagen eine Reizbarkeit der Seele voraussetzt, die diese zugleich zu tugendhaften Regungen geschickt macht, oder weil sie Talente und Verstandesvorzüge anzeigt, da im Gegenteil jene bei völliger Gedankenlosigkeit statt finden können. Dieses Gefühl ist es, wovon ich eine Seite betrachten will. Doch schließe ich hievon die Neigung aus, welche auf hohe Verstandes-Ein-

Immanuel Kant
Miniaturgemälde von Johann Adam Breysig

sichten geheftet ist, und den Reiz, dessen ein *Kepler* fähig war, wenn er, wie *Bayle* berichtet, eine seiner Erfindungen nicht um ein Fürstentum würde verkauft haben. Diese Empfindung ist gar zu fein, als dass sie in gegenwärtigen Entwurf gehören sollte, welcher nur das sinnliche Gefühl berühren wird, dessen auch gemeinere Seelen fähig sind.

Das feinere Gefühl, was wir nun erwägen wollen, ist vornehmlich zwiefacher Art: Das Gefühl des *Erhabenen* und des *Schönen.* Die Rührung von beiden ist angenehm, aber auf sehr verschiedene Weise. Der Anblick eines Gebirges, dessen beschneite Gipfel sich über Wolken erheben, die Beschreibung eines rasenden Sturms, oder die Schilderung des höllischen Reichs von *Milton*, erregen Wohlgefallen, aber mit Grausen; dagegen die Aussicht auf blumenreiche Wiesen, Täler mit schlängelnden Bächen, bedeckt von weidenden Herden, die Beschreibung des Elysium, oder *Homers* Schilderung von dem Gürtel der Venus veranlassen auch eine angenehme Empfindung, die aber fröhlich und lächlend ist. Damit jener Eindruck auf uns in gehöriger Stärke geschehen könne, so müssen wir ein *Gefühl* des *Erhabenen*, und, um die letztere recht zu genießen, ein *Gefühl* vor das *Schöne* haben. Hohe Eichen und einsame Schatten im heiligen Haine sind *erhaben*, Blumenbetten, niedrige Hecken und in Figuren geschnittene Bäume sind schön. Die *Nacht ist erhaben, der Tag ist schön.*

Gemütsarten, die ein Gefühl vor das Erhabene besitzen, werden durch die ruhige Stille eines Sommerabendes, wenn das zitternde Licht der Sterne durch die braune Schatten der Nacht hindurch bricht und der einsame Mond im Gesichtskreise steht, allmählich in hohe Empfindungen gezogen, von Freundschaft, von Verachtung der Welt, von Ewigkeit. Der glänzende Tag flößt geschäftigen Eifer und ein Gefühl von Lustigkeit ein. Das Erhabene *rührt*, das Schöne *reizt*. Die Miene des Menschen, der im vollen Gefühl des Erhabnen sich befindet, ist ernsthaft, bisweilen starr und erstaunt. Dagegen kündigt sich die lebhafte Empfindung des Schönen durch glänzende Heiterkeit in den Augen, durch Züge des Lächlens und oft durch laute Lustigkeit an. Das Erhabene ist wiederum verschiedener Art. Das Gefühl desselben ist bisweilen mit einigem Grausen oder auch Schwermut, in einigen Fällen bloß mit ruhiger Bewunderung und in noch andern mit einer über einen erhabenen Plan verbreiteten Schönheit begleitet. Das erstere will ich das *Schreckhaft-Erhabene*, das zweite das *Edle* und das dritte das *Prächtige* nennen. Tiefe Einsamkeit ist erhaben, aber auf eine schreckhafte Art.* Daher große weitgestreckte Einöden,

* Ich will nur ein Beispiel von dem edlen Grausen geben, welches die Beschreibung einer gänzlichen Einsamkeit einflößen kann, und ziehe um deswillen einige Stellen aus *Carazans* Traum im Brem. Magazin, Band IV, Seite 539 aus. Dieser karge

wie die ungeheure Wüste Schamo in der Tartarei, jederzeit Anlass gegeben haben, fürchterliche Schatten, Kobolde und Gespensterlarven dahin zu versetzen.

Das Erhabene muss jederzeit groß, das Schöne kann auch klein sein. Das Erhabene muss einfältig, das Schöne kann geputzt und geziert sein. Eine große Höhe ist ebenso wohl erhaben als eine große Tiefe; allein diese ist mit der Empfindung des Schau-

Reiche hatte, nach dem Maße als seine Reichtümer zunahmen, sein Herz dem Mitleiden und der Liebe gegen jeden andern verschlossen. Indessen, so wie die Menschenliebe in ihm erkaltete, nahm die Emsigkeit seiner Gebeter und der Religionshandlungen zu. Nach diesem Geständnisse fährt er also fort zu reden: An einem Abende, da ich bei meiner Lampe meine Rechnungen zog und den Handlungsvorteil überschlug, überwältigte mich der Schlaf. In diesem Zustande sahe ich den Engel des Todes wie einen Wirbelwind über mich kommen, er schlug mich, ehe ich den schrecklichen Streich abbitten konnte. Ich erstarrete als ich gewahr ward, dass mein Los vor die Ewigkeit geworfen sei, und dass zu allem Guten das ich verübt nichts konnte hinzugetan, und von allem Bösen das ich getan nichts konnte hinweggenommen werden. Ich ward vor dem Thron dessen, der in dem dritten Himmel wohnet, geführet. Der Glanz, der vor mir flammete, redete mich also an: Carazan, dein Gottesdienst ist verworfen. Du hast dein Herz der Menschenliebe verschlossen und deine Schätze mit einer eisernen Hand gehalten. Du hast nur vor dich selbst gelebt, und darum sollst du auch künftig in Ewigkeit allein und von aller Gemeinschaft mit der ganzen Schöpfung ausgestoßen leben. In diesem Augenblicke ward ich durch eine unsichtbare Gewalt fortgerissen und durch das glänzende Gebäude der derns begleitet, jene mit der Bewunderung; daher diese Empfindung schreckhaft erhaben und jene edel sein kann. Der Anblick einer ägyptischen Pyramiden rührt, wie *Hasselquist* berichtet, weit mehr, als man sich aus aller Beschreibung es vorstellen kann, aber ihr Bau ist einfältig und edel. Die Peterskirche in Rom ist prächtig. Weil auf diesen Entwurf, der groß und einfältig ist, Schönheit, z. E. Gold, mosaische Arbeit etc. etc. so verbreitet ist, dass die Empfindung

Schöpfung getrieben. Ich ließ bald unzählige Welten hinter mir. Als ich mich dem äußersten Ende der Natur näherte, merkte ich, dass die Schatten des grenzenlosen Leeren sich in die Tiefe vor mich herabsenkten. Ein fürchterliches Reich von ewiger Stille, Einsamkeit und Finsternis. Unaussprechliches Grausen überfiel mich bei diesem Anblick. Ich verlor allgemach die letzten Sterne aus dem Gesichte, und endlich erlosch der letzte glimmernde Schein des Lichts in der äußersten Finsternis. Die Todesängste der Verzweiflung nahmen mit jeden Augenblicke zu, so wie jeder Augenblick meine Entfernung von der letzten bewohnten Welt vermehrte. Ich bedachte mit unleidlicher Herzensangst, dass, wenn zehntausendmal tausend Jahre mich jenseit den Grenzen alles Erschaffenen würden weiter gebracht haben, ich doch immerhin in den unermesslichen Abgrund der Finsternis vorwärts schauen würde, ohne Hülfe oder Hoffnung einiger Rückkehr. – – In dieser Betäubung streckte ich meine Hände mit solcher Heftigkeit nach Gegenständen der Wirklichkeit aus, dass ich darüber erwachte. Und nun bin ich belehrt worden, Menschen hochzuschätzen; denn auch der Geringste von denenjenigen, die ich im Stolze meines Glücks von meiner Türe gewiesen hatte, würde in jener erschrecklichen Einöde von mir allen Schätzen von Golkonda weit sein vorgezogen worden. – –

des Erhabenen doch am meisten hindurch wirkt, so heißt der Gegenstand prächtig. Ein Arsenal muss edel und einfältig, ein Residenzschloss prächtig und ein Lustpalast schön und geziert sein.

Eine lange Dauer ist erhaben. Ist sie von vergangenen Zeit, so ist sie edel; wird sie in einer unabsehlichen Zukunft vorausgesehen, so hat sie etwas vom Schreckhaften an sich. Ein Gebäude aus dem entferntesten Altertum ist ehrwürdig. *Hallers* Beschreibung von der künftigen Ewigkeit flößt ein sanftes Grausen und von der vergangenen starre Bewunderung ein.

II

# »Schöne Fehler« Wahres und Vergnügliches über die Geschlechter

Derjenige, so zuerst das Frauenzimmer unter dem Namen des *schönen Geschlechts* begriffen hat, kann vielleicht etwas Schmeichelhaftes haben sagen wollen, aber er hat es besser getroffen, als er wohl selbst geglaubt haben mag. Denn, ohne in Erwägung zu ziehen, dass ihre Gestalt überhaupt feiner, ihre Züge zärter und sanfter, ihre Miene im Ausdrucke der Freundlichkeit, des Scherzes und der Leutseligkeit bedeutender und einnehmender ist, als bei dem männlichen Geschlecht, ohne auch dasjenige zu vergessen, was man vor die geheime Zauberkraft abrechnen muss, wodurch sie unsere Leidenschaft zum vorteilhaften Urteile vor sie geneigt machen, so liegen vornehmlich in den Gemütscharaktere dieses Geschlechts eigentümliche Züge, die es an dem unseren deutlich unterscheiden und die darauf hauptsächlich hinauslaufen, sie durch das Merkmal des *Schönen* kenntlich zu machen. Andererseits könnten wir auf die Benennung des *edlen Geschlechts* Anspruch machen, wenn es nicht auch von einer edlen Gemütsart erfordert würde, Ehrennamen abzulehnen und sie lieber zu erteilen als zu empfangen. Hiedurch wird nun nicht verstanden: dass das Frauenzimmer edeler Eigenschaften ermangelte, oder das männliche Geschlecht der Schönheiten gänzlich entbehren müsste, vielmehr erwartet man, dass ein jedes Geschlecht beide vereinbare, doch so, dass von einem Frauenzimmer alle andere Vorzüge sich nur dazu vereinigen sollen, um den Charakter des Schönen zu erhöhen, welcher der eigentliche Beziehungspunkt ist, und dagegen unter den männlichen Eigenschaften das *Erhabene* als das Kennzeichen seiner Art deutlich hervorsteche. Hierauf müssen alle Urteile von diesen zwei Gattungen, sowohl die rühmliche als die des Tadels sich beziehen, alle Erziehung und Unterweisung muss dieses vor Augen haben, und alle Bemühung, die sittliche Vollkommenheit des einen oder des andern zu befördern; wo man nicht den reizenden Unterschied unkenntlich machen will, den die Natur zwischen zwei Menschengattungen hat treffen wollen. Denn es ist hier nicht genug, sich vorzustellen, dass man Menschen vor sich habe, man muss zugleich nicht aus der Acht lassen, dass diese Menschen nicht von einerlei Art sein.

Das Frauenzimmer hat ein angebornes stärkeres Gefühl vor alles, was schön, zierlich und geschmückt ist. Schon in der Kindheit sind sie gerne geputzt und gefallen sich wenn sie geziert sein. Sie sind reinlich und sehr zärtlich in Ansehung alles dessen, was Ekel verursacht. Sie lieben den Scherz, und können durch

Kleinigkeiten, wenn sie nur munter und lachend sein, unterhalten werden. Sie haben sehr früh ein sittsames Wesen an sich, wissen sich einen feinen Anstand zu geben und besitzen sich selbst; und dieses in einem Alter, wenn unsere wohlerzogene männliche Jugend noch unbändig, tölpisch und verlegen ist. Sie haben viel teilnehmende Empfindungen, Gutherzigkeit und Mitleiden, ziehen das Schöne dem Nützlichen vor, und werden den Überfluss des Unterhalts gerne in Sparsamkeit verwandeln, um den Aufwand auf das Schimmernde und den Putz zu unterstützen. Sie sind von sehr zärtlicher Empfindung in Ansehung der mindesten Beleidigung, und überaus fein, den geringsten Mangel der Aufmerksamkeit und Achtung gegen sie zu bemerken. Kurz, sie enthalten in der menschlichen Natur den Hauptgrund der Abstechung der schönen Eigenschaften mit den edelen und verfeinern selbst das männliche Geschlecht.

Man wird mir hoffentlich die Herzählung der männlichen Eigenschaften, insoferne sie jenen parallel sind, schenken, und sich befriedigen, beide nur in der Gegeneinanderhaltung zu betrachten. Das schöne Geschlecht hat ebensowohl Verstand als das männliche, nur es ist ein *schöner Verstand*, der unsrige soll ein *tiefer Verstand* sein, welches ein Ausdruck ist, der einerlei mit dem Erhabenen bedeutet.

Zur Schönheit aller Handlungen gehöret vornehmlich, dass sie Leichtigkeit an sich zeigen und ohne peinliche Bemühung scheinen vollzogen zu werden; dagegen Bestrebungen und überwundene Schwierigkeiten Bewunderung erregen und zum Erhabenen gehören. Tiefes Nachsinnen und eine lange fortgesetzte Betrachtung sind edel aber schwer, und schicken sich nicht wohl für eine Person, bei der die ungezwungene Reize nichts anders als eine schöne Natur zeigen sollen. Mühsames Lernen oder peinliches Grübeln, wenn es gleich ein Frauenzimmer darin hoch bringen sollte, vertilgen die Vorzüge, die ihrem Geschlechte eigentümlich sind, und können dieselbe wohl um der Seltenheit willen zum Gegenstande einer kalten Bewunderung machen, aber sie werden zugleich die Reize schwächen, wodurch sie ihre große Gewalt über das andere Geschlecht ausüben. Ein Frauenzimmer, das den Kopf voll Griechisch hat, wie die Frau *Dacier*, oder über die Mechanik gründliche Streitigkeiten führt, wie die Marquisin von *Chastelet*, mag nur immerhin noch einen Bart dazu haben; denn dieser würde vielleicht die Miene des Tiefsinns noch kenntlicher ausdrücken, um welchen sie sich bewerben. Der schöne Verstand wählt zu seinen Gegenständen alles, was mit dem feineren Gefühl nahe verwandt ist, und überlässt abstrakte Spekulationen oder Kenntnisse, die nützlich aber trocken sind, dem emsigen, gründlichen und tiefen Verstande. Das Frauenzimmer wird demnach keine Geometrie lernen; es wird vom Satze des zureichenden Grundes, oder den Monaden nur so viel wissen, als da nötig ist, um das Salz in denen Spottgedichten zu vernehmen, welche die seichte Grübler unseres Geschlechts durchgezogen haben. Die Schönen können den Cartesius seine Wirbel immer drehen lassen, ohne sich darum zu bekümmern, wenn auch der artige *Fontenelle* ihnen unter den Wandelsternen Gesellschaft leisten wollte, und die Anziehung ihrer Reize verliert nichts von ihrer Gewalt, wenn sie gleich nichts von allem dem wissen, was *Algarotti* zu ihrem Besten von den Anziehungskräften der groben Materien nach dem Newton aufzuzeichnen bemühet gewesen. Sie werden in der Geschichte sich nicht den Kopf mit Schlachten, und in der Erdbeschreibung nicht mit Festungen anfüllen; denn es schicket sich vor sie ebenso wenig, dass sie nach Schießpulver, als vor die Mannspersonen, dass sie nach Bisam riechen sollen.

Es scheinet eine boshafte List der Mannspersonen zu sein, dass sie das schöne Geschlecht zu diesem verkehrten Geschmacke haben verleiten wollen. Denn wohl bewusst ihrer Schwäche in Ansehung der natürlichen Reize desselben, und dass ein einziger schalkhafter Blick sie mehr in Verwirrung setze als die schwerste Schulfrage, sehen sie sich, so bald das Frauenzimmer in diesen Geschmack einschlägt, in einer entschiedenen Überlegenheit und sind in dem Vorteile, den sie sonst schwerlich haben würden, mit einer großmütigen Nachsicht den Schwächen ihrer Eitelkeit aufzuhelfen. Der Inhalt der großen Wissenschaft des Frauenzimmers ist vielmehr der Mensch und unter den Menschen der Mann. Ihre Weltweisheit ist nicht Vernünfteln sondern Empfinden. Bei der Gelegenheit, die man ihnen geben will, ihre schöne Natur auszubilden, muss man dieses Verhältnis jederzeit vor Augen haben. Man wird ihr gesamtes moralisches Gefühl und nicht ihr Gedächtnis zu erweitern suchen, und zwar nicht durch allgemeine Regeln, sondern durch einiges Urteil über das Betragen, welches sie um sich sehen. Die Beispiele, die man aus andern Zeiten entlehnet, um den Einfluss einzusehen, den das schöne Geschlecht in die Weltgeschäfte gehabt hat, die mancherlei Verhältnisse, darin es in andern Zeitaltern oder in fremden Landen gegen das männliche gestanden, der Charakter beider, soferne er sich hiedurch erläutern lässt, und der veränderliche Geschmack der Vergnügungen machen ihre ganze Geschichte und Geographie aus. Es ist schön, dass einem Frauenzimmer der Anblick einer Karte, die entweder den ganzen Erdkreis oder die vornehmste Teile der Welt vorstellt, angenehm gemacht werde. Dieses geschiehet dadurch, dass man sie nur in der Absicht vorlegt, um die unterschiedliche Charaktere der Völker die sie bewohnen, die Verschiedenheiten ihres Geschmacks und sittlichen Gefühls, vornehmlich in Ansehung der Wirkung die diese auf die Geschlechterverhältnisse haben, dabei zu schildern, mit einigen leichten Erläuterungen aus der Verschiedenheit der Himmelsstriche, ihrer Freiheit oder Sklaverei. Es ist wenig daran gelegen, ob sie die besondere Abteilungen dieser Länder, ihr Gewerbe, Macht und Beherrscher wissen oder nicht. Ebenso werden sie von dem Weltgebäude nichts mehr zu kennen nötig haben, als nötig ist, den Anblick des Himmels an einem schönen Abende ihnen rührend zu machen, wenn sie einigermaßen begriffen haben, dass noch mehr Welten und daselbst noch mehr schöne Geschöpfe anzutreffen sein. Gefühl vor Schildereien von Ausdruck, und vor die Tonkunst, nicht insoferne sie Kunst, sondern Empfindung äußert, alles dieses verfeinert oder erhebt den Geschmack dieses Geschlechts, und hat jederzeit einige Verknüpfung mit sittlichen Regungen. Niemals ein kalter und spekulativer Unterricht, jederzeit Empfindungen und zwar die so nahe wie möglich bei ihrem Geschlechtverhältnisse bleiben. Diese Unterweisung ist darum so selten, weil sie Talente, Erfahrenheit und ein Herz voll Gefühl erfodert, und jeder andere kann das Frauenzimmer sehr wohl entbehren, wie es denn auch ohne diese sich von selbst gemeiniglich sehr wohl ausbildet.

Die Tugend des Frauenzimmers ist eine *schöne Tugend*. Die des männlichen Geschlechts soll eine *edele Tugend* sein. Sie werden das Böse vermeiden, nicht weil es unrecht sondern weil es hässlich ist, und tugendhafte Handlungen bedeuten bei ihnen solche, die sittlich schön sein. Nichts von Sollen, nichts von Müssen, nichts von Schuldigkeit. Das Frauenzimmer ist aller Befehle und alles mürrischen Zwanges unleidlich. Sie tun etwas nur darum, weil es ihnen so beliebt, und die Kunst besteht darin, zu machen, dass ihnen nur dasjenige beliebe was gut ist. Ich glaube schwerlich, dass das schöne Geschlecht der Grundsätze fähig sei, und ich hoffe dadurch nicht zu beleidigen, denn diese sind auch äußerst selten beim männlichen. Davor aber hat die Vorsehung in ihren Busen gütige und wohlwollende Empfindungen, ein feines Gefühl vor Anständigkeit und eine gefällige Seele gegeben. Man fodere ja nicht Aufopferungen und großmütigen Selbstzwang. Ein Mann muss es seiner Frauen niemals sagen, wenn er einen Teil seines Vermögens um einen Freund in Gefahr setzt. Warum will er viele muntere Gesprächigkeit fesseln, dadurch, dass er ihr Gemüt mit einem wichtigen Geheimnisse belästiget, dessen Aufbewahrung ihm allein obliegt? Selbst viele von ihren Schwachheiten sind so zu reden *schöne Fehler*. Beleidigung oder Unglück bewegen ihre zarte Seele zur Wehmut. Der Mann muss niemals andre als großmütige Tränen weinen. Die, so er in Schmerzen oder über Glücksumstände vergießt, machen ihn verächtlich. Die *Eitelkeit*, die man dem schönen Geschlechte so vielfältig vorrückt, wofern sie ja an demselben ein Fehler ist, so ist sie nur ein schöner Fehler. Denn zu geschweigen, dass die Mannspersonen, die dem Frauenzimmer so gerne schmeicheln, übel daran sein würden, wenn dieses nicht geneigt wäre, es wohl aufzunehmen, so beleben sie dadurch wirklich ihre Reize. Diese Neigung ist ein Antrieb, Annehmlichkeiten und den guten Anstand zu zeigen, ihren munteren Witz spielen zu lassen, imgleichen durch die veränderliche Erfindungen des Putzes zu schimmern und ihre Schönheit zu erhöhen. Hierin ist nun so gar nichts Beleidigendes vor andere, sondern vielmehr, wenn es mit guten Geschmacke gemacht wird, so viel Artiges, dass es sehr ungezogen ist, dagegen mit mürrischem Tadel loszuziehen. Ein Frauenzimmer, das hierin gar zu flatterhaft und gaukelnd ist, heißt eine *Närrin*; welcher Ausdruck gleichwohl keine so harte Bedeutung hat, als mit veränderter Endsilbe beim Manne, sogar, dass, wenn man sich untereinander versteht, es wohl bisweilen eine vertrauliche Schmeichelei anzeigen kann. Wenn die Eitelkeit ein Fehler ist, der an einem Frauenzimmer sehr wohl Entschuldigung verdient, so ist das *aufgeblasene Wesen* an ihnen nicht allein, so wie an Menschen überhaupt, tadelhaft, sondern verunstaltet gänzlich ihren Geschlechtscharakter. Denn diese Eigenschaft ist überaus dumm und hässlich und dem einnehmenden bescheidenen Reize gänzlich entgegengesetzt. Alsdenn ist eine solche Person in einer schlüpfrigen Stellung. Sie wird sich gefallen lassen, ohne alle Nachsicht und scharf beurteilt zu werden; denn wer auf Hochachtung pocht, fodert alles um sich zum Tadel auf. Eine jede Entdeckung auch des mindesten Fehlers macht jedermann eine wahre Freude, und das Wort *Närrin* verliert hier seine gemilderte Bedeutung. Man muss Eitelkeit und Aufgeblasenheit jederzeit unterscheiden. Die erstere sucht Beifall und ehret gewissermaßen diejenige, um deren willen sie sich diese Bemühung gibt, die zweite glaubt sich schon in dem völligen Besitze desselben, und indem sie keinen zu erwerben bestrebt, so gewinnt sie auch keinen.

Wenn einige Ingredienzien von Eitelkeit ein Frauenzimmer in den Augen des männlichen Geschlechts gar nicht verunzieren, so dienen sie doch, je sichtbarer sie sein, um desto mehr, das schöne Geschlecht untereinander zu veruneinigen. Sie beurteilen einander alsdenn sehr scharf, weil eine der andere Reize zu verdunkeln scheinet, und es sind auch wirklich diejenige, die noch starke Anmaßungen auf Eroberung machen, selten Freundinnen von einander im wahren Verstande.

Dem Schönen ist nichts so sehr entgegengesetzt als der Ekel, so wie nichts tiefer unter das Erhabene sinkt als das Lächerliche. Daher kann einem Manne kein Schimpf empfindlicher sein, als dass er ein *Narr*, und einem Frauenzimmer, dass sie *ekelhaft* genannt werde. Der englische Zuschauer hält davor: dass einem Manne kein Vorwurf könne gemacht werden der kränkender sei, als wenn er vor einen Lügner, und einem Frauenzimmer keiner bitterer, als wenn sie vor unkeusch gehalten wird. Ich will dieses, insoferne es nach der Strenge der Moral beurteilt wird, in seinem Werte lassen. Allein hier ist die Frage nicht, was an sich selbst den größesten Tadel verdiene, sondern was wirklich am allerhärtesten empfunden werde. Und da frage ich einen jeden Leser, ob, wenn er sich in Gedanken auf diesen Fall setzt, er nicht meiner Meinung beistimmen müsse. Die Jungfer Ninon Lenclos machte nicht die mindesten Ansprüche auf die Ehre der Keuschheit, und gleichwohl würde sie unerbittlich beleidigt worden sein, wenn einer ihrer Liebhaber sich in seinem Urteile so weit sollte vergangen haben; und man weiß das grausame Schicksal des Monaldeschi, um eines beleidigenden Ausdrucks willen von solcher Art, bei einer Fürstin, die eben keine Lucretia hat vorstellen wollen. Es ist unausstehlich, dass man nicht einmal sollte Böses tun können, wenn man gleich wollte, weil auch die Unterlassung desselben alsdenn jederzeit nur eine sehr zweideutige Tugend ist.

Um von diesen Ekelhaften sich so weit als möglich zu entfernen, gehöret die *Reinlichkeit*, die zwar einem jeden Menschen wohl ansteht, bei dem schönen Geschlechte unter die Tugenden vom ersten Range, und kann schwerlich von demselben zu hoch getrieben werden, da sie gleichwohl an einem Manne bisweilen zum Übermaße steigt und alsdenn läppisch wird.

Die *Schamhaftigkeit* ist ein Geheimnis der Natur, sowohl einer Neigung Schranken zu setzen, die sehr unbändig ist, und, indem sie den Ruf der Natur vor sich hat, sich immer mit guten sittlichen Eigenschaften zu vertragen scheint, wenn sie gleich ausschweift. Sie ist demnach als ein Supplement der Grundsätze höchst nötig; denn es gibt keinen Fall, da die Neigung so leicht zum Sophisten wird, gefällige Grundsätze zu erklügeln, als hier. Sie dient aber auch zugleich, um einen geheimnisvollen Vorhang selbst vor die geziemendsten und nötigsten Zwecke der Natur zu ziehen, damit die gar zu gemeine Bekanntschaft mit denenselben nicht Ekel oder zum mindesten Gleichgültigkeit veranlasse, in Ansehung der Endabsichten eines Triebes, worauf die feinsten und lebhaftesten Neigungen der menschlichen Natur gepropft sind. Diese Eigenschaft ist dem schönen Geschlecht vorzüglich eigen und ihm sehr anständig. Es ist auch eine plumpe und verächtliche Ungezogenheit, durch die Art pöbelhafter Scherze, welche man *Zoten* nennt, die zärtliche Sittsamkeit desselben in Verlegenheit oder Unwillen zu setzen. Weil indessen, man mag nun um das Geheimnis so weit herumgehen, als man immer will, die Geschlechterneigung doch allen den übrigen Reizen endlich zum Grunde liegt, und ein Frauenzimmer immer als ein Frauenzimmer der angenehme Gegenstand einer wohlgesitteten Unterhaltung ist, so möchte daraus vielleicht zu erklären sein, warum sonst artige Mannspersonen sich bisweilen die Freiheit nehmen, durch den kleinen Mutwillen ihrer Scherze einige feine Anspielungen durchscheinen zu lassen, welche machen, dass man sie *lose* oder *schalkhaft* nennet, und wo, indem sie weder durch ausspähende Blicke beleidigen, noch die Achtung zu verletzen gedenken, glauben berechtigt zu sein, die Person, die es mit unwilliger und spröder Miene aufnimmt, eine *Ehrbarkeitspedantin* zu nennen. Ich führe dieses nur an, weil es gemeiniglich als ein etwas kühner Zug vom schönen Umgange angesehen wird, auch in der Tat von je her viel Witz darauf ist verschwendet worden; was aber das Urteil nach moralischer Strenge anlangt, so gehöret das nicht hieher, da ich in der Empfindung des Schönen nur die Erscheinungen zu beobachten und zu erläutern habe.

Die edle Eigenschaften dieses Geschlechts, welche jedoch, wie wir schon angemerkt haben, niemals das Gefühl des Schönen unkenntlich machen müssen, kündigen sich durch nichts deutlicher und sicherer an als durch die *Bescheidenheit* einer Art von edler Einfalt und Naivetät bei großen Vorzügen. Aus derselben leuchtet eine ruhige Wohlgewogenheit und Achtung gegen andere hervor, zugleich mit einem gewissen *ed-*

*len Zutrauen* auf sich selbst und einer billigen Selbstschätzung verbunden, welche bei einer erhabenen Gemütsart jederzeit anzutreffen ist. Indem diese feine Mischung zugleich durch Reize einnimmt und durch Achtung rührt, so stellt sie alle übrige schimmernde Eigenschaften wider den Mutwillen des Tadels und der Spottsucht in Sicherheit. Personen von dieser Gemütsart haben auch ein Herz zur Freundschaft, welches an einem Frauenzimmer niemals kann hoch genug geschätzt werden, weil es so gar selten ist und zugleich so überaus reizend sein muss.

## III
# Laffen, Gecken, Grillenfänger

Verstand ist erhaben, Witz ist schön. Kühnheit ist erhaben und groß, List ist klein aber schön. Die Behutsamkeit, sagte *Cromwell*, ist eine Bürgermeistertugend. Wahrhaftigkeit und Redlichkeit ist einfältig und edel, Scherz und gefällige Schmeichelei ist fein und schön. Artigkeit ist die Schönheit der Tugend. Uneigennütziger Diensteifer ist edel, Geschliffenheit (Politesse) und Höflichkeit sind schön. Erhabene Eigenschaften flößen Hochachtung, schöne aber Liebe ein. Leute, deren Gefühl vornehmlich auf das Schöne geht, suchen ihre redliche, beständige und ernsthafte Freunde nur in der Not auf; den scherzhaften, artigen und höflichen Gesellschafter aber erwählen sie sich zum Umgange. Man schätzt manchen viel zu hoch, als dass man ihn lieben könne. Er flößt Bewunderung ein, aber er ist zu weit über uns, als dass wir mit der Vertraulichkeit der Liebe uns ihm zu nähern getrauen.

Diejenige, welche beiderlei Gefühl in sich vereinbaren, werden finden: dass die Rührung von dem Erhabenen mächtiger ist wie die vom Schönen, nur dass sie ohne Abwechselung oder Begleitung der letzteren ermüdet und nicht so lange genossen werden kann. Die hohen Empfindungen, zu denen die Unterredung in einer Gesellschaft von guter Wahl sich bisweilen erhebt, müssen sich dazwischen in heiteren Scherz auflösen, und die lachende Freuden sollen mit der gerührten ernsthaften Miene den schönen Kontrast machen, welcher beide Arten von Empfindung unbezwungen abwechseln lässt. *Freundschaft* hat hauptsächlich den Zug des Erhabenen, *Geschlechterliebe* aber des Schönen an sich. Doch geben Zärtlichkeit und tiefe Hochachtung der letzteren eine gewisse Würde und Erhabenheit, dagegen gaukelhafter Scherz und Vertraulichkeit das Kolorit des Schönen in dieser Empfindung erhöhen. Das *Trauerspiel* unterscheidet sich meiner Meinung nach vom *Lustspiel* vornehmlich darin: dass in dem ersteren das Gefühl vors *Erhabene*, im zweiten vor das *Schöne* gerührt wird. In dem ersteren zeigen sich großmütige Aufopferung vor fremdes Wohl, kühne Entschlossenheit in Gefahren und geprüfte Treue. Die Liebe ist daselbst schwermütig, zärtlich und voll Hochachtung; das Unglück anderer beweget in dem Busen des Zuschauers teilnehmende Empfindungen und lässt sein großmütig Herz vor fremde Not klopfen. Er wird sanft gerührt und fühlt die Würde seiner eigenen Natur. Dagegen stellt das Lustspiel feine Ränke, wunderliche Verwirrungen und Witzige die sich herauszuziehen wissen, Narren die sich betrügen lassen, Spaße und lächerliche Charaktere vor. Die Liebe ist hier nicht so grämisch, sie ist lustig und vertraulich. Doch können so wie in andern Fällen also auch in

Immanuel Kant

Gemälde von J. G. Becker, um 1775

diesen das Edle mit dem Schönen in gewissem Grade vereinbart werden.

Selbst die Laster und moralische Gebrechen führen öfters gleichwohl einige Züge des Erhabenen oder Schönen bei sich; wenigstens so wie sie unserem sinnlichen Gefühl erscheinen, ohne durch Vernunft geprüft zu sein. Der Zorn eines Furchtbaren ist erhaben, wie Achilles' Zorn in der Iliade. Überhaupt ist der Held des *Homers schrecklich erhaben*, des *Virgils* seiner dagegen *edel*. Offenbare dreiste Rache nach großer Beleidigung hat etwas Großes an sich, und so unerlaubt sie auch sein mag, so rührt sie in der Erzählung gleichwohl mit Grausen und Wohlgefallen. Als Schach Nadir zur Nachtzeit von einigen Verschwornen in seinem Zelte überfallen ward, so rief er, wie Hanway erzählet, nachdem er schon einige Wunden bekommen und sich voll Verzweifelung wehrete: *Erbarmung! ich will euch allen vergeben*. Einer unter ihnen antwortete, indem er den Säbel in die Höhe hob: *Du hast keine Erbarmung bewiesen und verdienst auch keine*. Entschlossene Verwegenheit an einem Schelmen ist höchst gefährlich, aber sie rührt doch in der Erzählung, und selbst wenn er zu einem schändlichen Tode geschleppt wird, so veredelt er ihn noch gewisser maßen dadurch, dass er ihm trotzig und mit Verachtung entgegen gehet. Von der andern Seite hat ein listig ausgedachter Entwurf, wenn er gleich auf ein Bubenstück ausgeht, etwas an sich, was fein ist und belacht wird. Buhlerische Neigung (Koketterie) im feinen Verstande, nämlich eine Geflissenheit, einzunehmen und zu reizen, an einer sonst artigen Person, ist vielleicht tadelhaft, aber doch schön und wird gemeiniglich dem ehrbaren ernsthaften Anstande vorgezogen.

Die Gestalt der Personen, die durch ihr äußeres Ansehen gefallen, schlägt bald in eine bald in die andere Art des Gefühls ein. Eine große Statur erwirbt sich Ansehen und Achtung, eine kleine mehr Vertraulichkeit. Selbst die bräunliche Farbe und schwarze Augen sind dem Erhabenen, blaue Augen und blonde Farbe dem Schönen näher verwandt. Ein etwas größeres Alter vereinbart sich mehr mit den Eigenschaften des Erhabenen, Jugend aber mit denen des Schönen. So ist es auch mit dem Unterschiede der Stände bewandt, und in allen diesen nur erwähnten Beziehungen müssen so gar die Kleidungen auf diesen Unterschied des Gefühls eintreffen. Große ansehnliche Personen müssen Einfalt, höchstens Pracht in ihrer Kleidung beobachten, kleine können geputzt und geschmückt sein. Dem Alter geziemen dunklere Farben und Einförmigkeit im Anzuge, die Jugend schimmert durch hellere und lebhaft abstechende Kleidungsstücke. Unter den Ständen muss bei gleichem Vermögen und Range der Geistliche die größeste Einfalt, der Staatsmann die meiste Pracht zeigen. Der Cicisbeo kann sich ausputzen, wie es ihm beliebt.

Auch in äußerlichen Glücksumständen ist etwas, das wenigstens nach dem Wahne der Menschen in diese Empfindungen einschlägt. Geburt und Titel finden die Menschen gemeiniglich zur Achtung geneigt. Reichtum auch ohne Verdienste wird selbst von Uneigennützigen geehrt; vermutlich weil sich mit seiner Vorstellung Entwürfe von großen Handlungen vereinbaren, die dadurch könnten ausgeführt werden. Diese Achtung trifft gelegentlich auch manchen reichen Schurken, der solche Handlungen niemals ausüben wird und von dem edlen Gefühl keinen Begriff hat, welches Reichtümer einzig und allein schätzbar machen kann. Was das Übel der Armut vergrößert, ist die Geringschätzung, welche auch nicht durch Verdienste gänzlich kann überwogen werden, wenigstens nicht vor gemeinen Augen, wo nicht Rang und Titel dieses plumpe Gefühl täuschen und einigermaßen zu dessen Vorteil hintergehen.

In der menschlichen Natur finden sich niemals rühmliche Eigenschaften, ohne dass zugleich Abartungen derselben durch unendliche Schattierungen bis zur äußersten Unvollkommenheit übergehen sollten. Die Eigenschaft des *Schrecklich-Erhabenen*, wenn sie ganz unnatürlich wird, ist *abenteuerlich**. Unnatürliche Dinge, insoferne das Erhabene darin gemeinet ist, ob es gleich wenig oder gar nicht angetroffen

* Insoferne die Erhabenheit oder Schönheit das bekannte Mittelmaß überschreitet, so pflegt man sie romanhaft zu nennen.

wird, sind *Fratzen*. Wer das Abenteuerliche liebt und glaubt, ist ein *Phantast*, die Neigung zu Fratzen macht den *Grillenfänger*. Andererseits artet das Gefühl des Schönen aus, wenn das Edle dabei gänzlich mangelt, und man nennet es *läppisch*. Eine Mannsperson von dieser Eigenschaft, wenn sie jung ist, heißt ein *Laffe*; ist sie im mittleren Alter, so ist es ein *Geck*. Weil dem höheren Alter das Erhabene am notwendigsten ist, so ist ein alter Geck das verächtlichste Geschöpf in der Natur, so wie ein junger Grillenfänger das widrigste und unleidlichste ist, Scherze und Munterkeit schlagen in das Gefühl des Schönen ein. Gleichwohl kann noch ziemlich viel Verstand hindurchscheinen, und insoferne können sie mehr oder weniger dem Erhabenen verwandt sein. Der, in dessen Munterkeit diese Dazumischung unmerklich ist, *faselt*. Der beständig faselt, ist *albern*. Man merket leicht, dass auch kluge Leute bisweilen faseln, und dass nicht wenig Geist dazu gehöre, den Verstand eine kurze Zeit von seinem Posten abzurufen, ohne dass dabei etwas versehen wird. Derjenige, dessen Reden oder Handlungen weder belustigen noch rühren, ist *langweilig*. Der Langweilige, insoferne er gleichwohl beides zu tun geschäftig ist, ist *abgeschmackt*. Der Abgeschmackte, wenn er aufgeblasen ist, ist ein *Narr*.*

* Man bemerkt bald, dass diese ehrwürdige Gesellschaft sich in zwei Logen teile, in die der Grillenfänger und die derer Ge-

Ich will diesen wunderlichen Abriss der menschlichen Schwachheiten durch Beispiele etwas verständlicher machen; denn der, welchem Hogarths Grabstichel fehlt, muss, was der Zeichnung am Ausdrucke mangelt, durch Beschreibung ersetzen. Kühne Übernehmung der Gefahren vor unsere, des Vaterlandes, oder unserer Freunde Rechte ist erhaben. Die Kreuzzüge, die alte Ritterschaft waren *abenteuerlich*; die Duelle, ein elender Rest der letztern aus einem verkehrten Begriff des Ehrenrufs, sind *Fratzen*. Schwermütige Entfernung von dem Geräusche der Welt aus einem rechtmäßigen Überdrusse ist *edel*. Der alten Eremiten einsiedlerische Andacht war *abenteuerlich*. Klöstern und dergleichen Gräber, um lebendige Heilige einzusperren, sind *Fratzen*. Bezwingung seiner Leidenschaften durch Grundsätze ist *erhaben*. Kasteiungen, Gelübde und andere Mönchstugenden mehr sind *Fratzen*. Heilige Knochen, heiliges Holz und aller dergleichen Plunder, den heiligen Stuhlgang des großen Lama von Tibet nicht ausgeschlos-

cken. Ein gelehrter Grillenfänger wird bescheidentlich ein *Pedant* genannt. Wenn er die trotzige Weisheitsmiene annimmt, wie die *Dunse* alter und neuer Zeiten, so steht ihm die Kappe mit Schellen gut zum Gesichte. Die Klasse der Gecken wird mehr in der großen Welt angetroffen. Sie ist vielleicht noch besser als die erstere. Man hat an ihnen viel zu verdienen und viel zu lachen. In dieser Karikatur macht gleichwohl einer dem andern ein schief Maul und stößt mit seinem leeren Kopf an den Kopf seines Bruders.

sen, sind *Fratzen*. Von den Werken des Witzes und des feinen Gefühls fallen die epische Gedichte des Virgils und Klopstocks ins *Edle*, Homers und Miltons ins *Abenteuerliche*. Die Verwandelungen des Ovids sind *Fratzen*, die Feenmärchen des französischen Aberwitzes sind die elendesten Fratzen, die jemals ausgeheckt worden. Anakreontische Gedichte sind gemeiniglich sehr nahe beim *Läppischen*.

## IV

# Das vereinigte Paar – »gleichsam als eine einzige moralische Person«

Da unsere Absicht ist, über Empfindungen zu urteilen, so kann es nicht unangenehm sein, die Verschiedenheit des Eindrucks, den die Gestalt und Gesichtszüge des schönen Geschlechts auf das männliche machen, wo möglich unter Begriffe zu bringen. Diese ganze Bezauberung ist im Grunde über den Geschlechtertrieb verbreitet. Die Natur verfolgt ihre große Absicht, und alle Feinigkeiten die sich hinzugesellen, sie mögen nun so weit davon abzustehen scheinen wie sie wollen, sind nur Verbrämungen und entlehnen ihren Reiz doch am Ende aus eben derselben Quelle. Ein gesunder und *derber Geschmack*, der sich jederzeit sehr nahe bei diesem Triebe hält, wird durch die Reize des Anstandes, der Gesichtszüge, der Augen etc. etc. an einem Frauenzimmer wenig angefochten und, indem er eigentlich nur aufs Geschlecht geht, so sieht er mehrenteils die Delikatesse anderer als leere Tändelei an.

Wenn dieser Geschmack gleich nicht fein ist, so ist er deswegen doch nicht zu verachten. Denn der größeste Teil der Menschen befolget vermittelst desselben die große Ordnung der Natur auf eine sehr einfältige und sichere Art.* Dadurch werden die meisten Ehen bewirkt und zwar von dem emsigsten Teile des menschlichen Geschlechts, und indem der Mann den Kopf nicht von bezaubernden Mienen, schmachtenden Augen, edlem Anstande etc. etc. voll hat, auch nichts von allem diesen versteht, so wird er desto aufmerksamer auf haushälterische Tugenden, Sparsamkeit etc. etc. und auf das Eingebrachte. Was den etwas feineren Geschmack anlangt, um dessentwillen es nötig sein möchte, einen Unterschied unter den äußerlichen Reizen des Frauenzimmers zu machen, so ist derselbe entweder auf das, was in der Gestalt und dem Ausdrucke des Gesichts *moralisch* ist, oder auf das *Unmoralische* geheftet. Ein Frauenzimmer wird in Ansehung der Annehmlichkeiten von der letzteren Art *hübsch* genannt. Ein proportionierlicher Bau, regelmäßige Züge, Farben von Auge und Gesicht, die zierlich abstechen, lauter Schönheiten, die auch an einem Blumenstrauße gefallen und einen kalten Beifall erwerben. Das Gesicht selber sagt nichts, ob es gleich hübsch ist, und redet nicht zum Herzen. Was den Ausdruck der Züge, der Au-

* Wie alle Dinge in der Welt auch ihre schlimme Seite haben, so ist bei diesem Geschmacke nur zu bedauren, dass er leichter wie ein anderer in Lüderlichkeit ausartet. Denn weil das Feuer, das eine Person entzündet hat, eine jede andre wieder löschen kann, so sind nicht genug Schwierigkeiten da, die eine unbändige Neigung einschränken könnten.

gen und der Mienen anlangt der moralisch ist, so geht er entweder auf das Gefühl des Erhabenen, oder des Schönen. Ein Frauenzimmer, an welchem die Annehmlichkeiten, die ihrem Geschlecht geziemen, vornehmlich den moralischen Ausdruck des Erhabenen hervorstechen lassen, heißt *schön* im eigentlichen Verstande, diejenige, deren moralische Zeichnung, soferne sie in den Mienen oder Gesichtszügen sich kennbar macht, die Eigenschaften des Schönen ankündigt, ist *annehmlich*, und, wenn sie es in einem höhern Grade ist, *reizend*. Die erstere lässt unter einer Miene von Gelassenheit und einem edlen Anstande den Schimmer eines schönen Verstandes aus bescheidenen Blicken hervorspielen, und, indem sich in ihrem Gesicht ein zärtlich Gefühl und wohlwollendes Herz abmalt, so bemächtigt sie sich sowohl der Neigung als der Hochachtung eines männlichen Herzens. Die zweite zeiget Munterkeit und Witz in lachenden Augen, etwas feinen Mutwillen, das Schäkerhafte der Scherze und schalkhafte Sprödigkeit. Sie reizt wenn die erstere rührt, und das Gefühl der Liebe, dessen sie fähig ist und welche sie anderen einflößt, ist flatterhaft, aber schön, dagegen die Empfindung der ersteren zärtlich, mit Achtung verbunden und beständig ist. Ich mag mich nicht in gar zu ausführliche Zergliederungen von dieser Art einlassen; denn in solchen Fällen scheint der Verfasser jederzeit seine eigene Neigung zu malen. Indessen berühre ich noch: dass der Geschmack, den viele Damen an einer gesunden aber blassen Farbe finden, sich hier verstehen lasse. Denn diese begleitet gemeiniglich eine Gemütsart von mehr innerem Gefühl und zärtlicher Empfindung, welches zur Eigenschaft des Erhabenen gehöret, dagegen die rote und blühende Farbe weniger von der ersteren, allein mehr von der fröhlichen und muntern Gemütsart ankündigt; es ist aber der Eitelkeit gemäßer, zu rühren und zu fesseln, als zu reizen und anzulocken. Es können dagegen Personen ohne alles moralische Gefühl, und ohne einigen Ausdruck, der auf Empfindungen deutete, sehr hübsch sein, allein sie werden weder rühren noch reizen, es sei denn denjenigen *derben Geschmack*, von dem wir Erwähnung getan haben, welcher sich bisweilen etwas verfeinert und dann nach seiner Art auch wählet. Es ist schlimm, dass dergleichen schöne Geschöpfe leichtlich in den Fehler der *Aufgeblasenheit* verfallen, durch das Bewusstsein der schönen Figur, die ihnen ihr Spiegel zeigt, und aus einem Mangel feinerer Empfindungen; da sie dann alles gegen sich kaltsinnig machen, den Schmeichler ausgenommen, der auf Absichten ausgeht und Ränke schmiedet.

Man kann nach diesen Begriffen vielleicht etwas von der so verschiedenen Wirkung verstehen, die die Gestalt eben desselben Frauenzimmers auf den Geschmack der Männer tut. Dasjenige, was in diesem

Eindrucke sich zu nahe auf den Geschlechtertrieb beziehet und mit dem besondern *wollüstigen* Wahne, darin sich eines jeden Empfindung einkleidet, einstimmig sein mag, berühre ich nicht, weil es außer dem Bezirke des feinern Geschmackes ist; und es kann vielleicht richtig sein, was der Herr v. Buffon vermutet, dass diejenige Gestalt, die den ersten Eindruck macht, zu der Zeit wenn dieser Trieb noch neu ist und sich zu entwickeln anfängt, das Urbild bleibe, worauf in der künftigen Zeit alle weibliche Bildungen mehr oder weniger einschlagen müssen, welche die phantastische Sehnsucht rege machen können, dadurch eine ziemlich grobe Neigung unter den verschiedenen Gegenständen eines Geschlechts zu wählen genötigt wird. Was den etwas feineren Geschmack anlangt, so behaupte ich, dass diejenige Art von Schönheit, welche wir die *hübsche Gestalt* genannt haben, von allen Männern ziemlich gleichförmig beurteilt werde, und dass darüber die Meinungen nicht so verschieden sein, wie man wohl gemeiniglich davor hält. Die *zirkassische* und *georgische* Mädchen sind von allen Europäern, die durch ihre Länder reisen, jederzeit vor überaus hübsch gehalten worden. Die *Türken*, die *Araber*, die *Perser* müssen wohl mit diesem Geschmacke sehr einstimmig sein, weil sie sehr begierig sind, ihre Völkerschaft durch so feines Blut zu verschönern, und man merket auch an, dass dem persischen Rasse dieses wirklich gelungen ist. Die

Kaufleute von *Hindostan* ermangeln gleichfalls nicht, von einem boshaften Handel mit so schönen Geschöpfen großen Vorteil zu ziehen, indem sie solche den leckerhaften Reichen ihres Landes zuführen, und man siehet, dass, so sehr auch der Eigensinn des Geschmacks in diesen verschiedenen Weltgegenden abweichend sein mag, dennoch dasjenige, was einmal in einer derselben als vorzüglich *hübsch* erkannt wird, in allen übrigen auch davor gehalten werde. Wo aber sich in das Urteil über die feine Gestalt dasjenige einmengt, was in den Zügen moralisch ist, so ist der Geschmack bei verschiedenen Mannspersonen jederzeit sehr verschieden, sowohl nachdem ihr sittliches Gefühl selbst unterschieden ist, als auch nach der verschiedenen Bedeutung, die der Ausdruck des Gesichts in eines jeden Wahne haben mag. Man findet, dass diejenige Bildungen, die beim ersten Anblicke nicht sonderliche Wirkung tun, weil sie nicht auf eine entschiedene Art hübsch sein, gemeiniglich, so bald sie bei näherer Bekanntschaft zu gefallen anfangen, auch weit mehr einnehmen und sich beständig zu verschönern scheinen; dagegen das hübsche Ansehen, was sich auf einmal ankündigt, in der Folge mit größerem Kaltsinn wahrgenommen wird, welches vermutlich daher kommt, dass moralische Reize wo sie sichtbar werden mehr fesseln, imgleichen weil sie sich nur bei Gelegenheit sittlicher Empfindungen in Wirksamkeit setzen und sich gleichsam entdecken lassen, jede Entdeckung eines neuen Reizes aber immer noch mehr derselben vermuten lässt; anstatt dass alle Annehmlichkeiten, die sich gar nicht verhehlen, nachdem sie gleich anfangs ihre ganze Wirkung ausgeübt haben, in der Folge nichts weiter tun können, als den verliebten Vorwitz abzukühlen und ihn allmählich zur Gleichgültigkeit zu bringen.

Unter diesen Beobachtungen bietet sich ganz natürlich folgende Anmerkung dar. Das ganz einfältige und grobe Gefühl in den Geschlechterneigungen führet zwar sehr grade zum großen Zwecke der Natur, und indem es ihre Foderungen erfüllt, ist es geschickt, die Person selbst ohne Umschweife glücklich zu machen, allein um der großen Allgemeinheit willen artet leichtlich in Ausschweifung und Lüderlichkeit aus. An der anderen Seite dient ein sehr verfeinigter Geschmack zwar dazu, einer ungestümen Neigung die Wildheit zu benehmen, und, indem er solche nur auf sehr wenig Gegenstände einschränkt, sie sittsam und anständig zu machen, allein sie verfehlet gemeiniglich die große Endabsicht der Natur, und da sie mehr fodert oder erwartet, als diese gemeiniglich leistet, so pflegt sie die Person von so delikater Empfindung sehr selten glücklich zu machen. Die erstere Gemütsart wird ungeschlacht, weil sie auf alle von einem Geschlechte geht, die zweite grüblerisch, indem sie eigentlich auf keinen geht, sondern nur mit einem Gegenstande beschäftigt ist, den die verliebte

Neigung sich in Gedanken schafft, und mit allen edlen und schönen Eigenschaften auszieret, welche die Natur selten in einem Menschen vereinigt und noch seltner demjenigen zuführt, der sie schätzen kann und der vielleicht eines solchen Besitzes würdig sein würde. Daher entspringt der Aufschub und endlich die völlige Entsagung auf die ehrliche Verbindung, oder, welches vielleicht ebenso schlimm ist, eine grämische Reue nach einer getroffenen Wahl, welche die großen Erwartungen nicht erfüllet die man sich gemacht hatte; denn nicht selten findet der Äsopische Hahn eine Perle, welchem ein gemeines Gerstenkorn besser würde geziemet haben.

Wir können hiebei überhaupt bemerken, dass, so reizend auch die Eindrücke des zärtlichen Gefühls sein mögen, man doch Ursache habe, in der Verfeinigung desselben behutsam zu sein, woferne wir uns nicht durch übergroße Reizbarkeit nur viel Unmut und eine Quelle von Übel erklügeln wollen. Ich möchte edleren Seelen wohl vorschlagen, das Gefühl, in Ansehung derer Eigenschaften die ihnen selbst zukommen, oder derer Handlungen die sie selber tun, so sehr zu verfeineren als sie können, dagegen in Ansehung dessen was sie genießen, oder von andern erwarten, den Geschmack in seiner Einfalt zu erhalten; wenn ich nur einsähe, wie dieses zu leisten möglich sei. In dem Falle aber, dass es anginge, würden sie andere glücklich machen und auch selbst glücklich sein. Es ist niemals aus den Augen zu lassen: dass, in welcher Art es auch sei, man keine sehr hohe Ansprüche auf die Glückseligkeiten des Lebens und die Vollkommenheit der Menschen machen müsse; denn derjenige, welcher jederzeit nur etwas Mittelmäßiges erwartet, hat den Vorteil, dass der Erfolg selten seine Hoffnung widerlegt, dagegen bisweilen ihn auch wohl unvermutete Vollkommenheiten überraschen.

Allen diesen Reizen drohet endlich das Alter, der große Verwüster der Schönheit, und es müssen, wenn es nach der natürlichen Ordnung gehen soll, allmählich die erhabenen und edlen Eigenschaften die Stelle der schönen einnehmen, um eine Person, so wie sie nachlässt, liebenswürdig zu sein, immer einer größeren Achtung wert zu machen. Meiner Meinung nach sollte in der schönen Einfalt, die durch ein verfeinertes Gefühl an allem, was reizend und edel ist, erhoben worden, die ganze Vollkommenheit des schönen Geschlechts in der Blüte der Jahre bestehen. Allmählich, so wie die Ansprüche auf Reizungen nachlassen, könnte das Lesen der Bücher und die Erweiterung der Einsicht unvermerkt die erledigte Stelle der Grazien durch die Musen ersetzen, und der Ehemann sollte der erste Lehrmeister sein. Gleichwohl, wenn selbst die allem Frauenzimmer so schreckliche Epoche des Altwerdens herankömmt, so gehört es doch auch alsdenn noch immer zum schönen Geschlecht und es verunzieret sich selbst, wenn es in einer Art von Verzweiflung, diesen Charakter länger zu erhalten, sich einer mürrischen und grämischen Laune überlässt.

Eine bejahrte Person, welche mit einem sittsamen und freundlichen Wesen der Gesellschaft beiwohnt, auf eine muntere und vernünftige Art gesprächig ist, die Vergnügen der Jugend, darin sie selbst nicht Anteil nimmt, mit Anstand begünstigt, und, indem sie vor alles sorgt, Zufriedenheit und Wohlgefallen an der Freude, die um ihr vorgeht, verrät, ist noch immer eine feinere Person, als ein Mann in gleichem Alter, und vielleicht noch liebenswürdiger als ein Mädchen, wiewohl in einem anderen Verstande. Zwar möchte die platonische Liebe wohl etwas zu mystisch sein, welche ein alter Philosoph vorgab, wenn er von dem Gegenstande seiner Neigung sagte: *Die Grazien residieren in ihren Runzeln, und meine Seele scheint auf meinen Lippen zu schweben, wenn ich ihren welken Mund küsse*; allein dergleichen Ansprüche müssen alsdenn auch aufgegeben werden. Ein alter Mann der verliebt tut ist ein Geck, und die ähnliche Anmaßungen des andern Geschlechts sind alsdenn ekelhaft. An der Natur liegt es niemals, wenn wir nicht mit einem guten Anstande erscheinen, sondern daran, dass man sie verkehren will.

Damit ich meinen Text nicht aus den Augen verliere, so will ich noch einige Betrachtungen über den

Einfluss anstellen, den ein Geschlecht auf andere haben kann, dessen Gefühl zu verschöneren oder zu veredlen. Das Frauenzimmer hat ein vorzügliches Gefühl vor das *Schöne*, soferne es *ihnen selbst* zukommt, aber vor das *Edle*, insoweit es am *männlichen Geschlechte* angetroffen wird. Der Mann dagegen hat ein entschiedenes Gefühl vor das *Edle*, was zu seinen Eigenschaften gehört, vor das *Schöne* aber, insoferne es an dem *Frauenzimmer* anzutreffen ist. Daraus muss folgen, dass die Zwecke der Natur darauf gehen, den Mann durch die Geschlechterneigung noch mehr zu *veredlen* und das Frauenzimmer durch eben dieselbe noch mehr zu *verschönern*. Ein Frauenzimmer ist darüber wenig verlegen, dass sie gewisse hohe Einsichten nicht besitzt, dass sie furchtsam und zu wichtigen Geschäften nicht auferlegt ist etc. etc., sie ist schön und nimmt ein und das ist genug. Dagegen fodert sie alle diese Eigenschaften am Manne und die Erhabenheit ihrer Seele zeigt sich nur darin, dass sie diese edle Eigenschaften zu schätzen weiß, soferne sie bei ihm anzutreffen sein. Wie würde es sonsten wohl möglich sein, dass so viel männliche Fratzengesichter, ob sie gleich Verdienste besitzen mögen, so artige und feine Frauen bekommen könnten. Dagegen ist der Mann viel delikater in Ansehung der schönen Reize des Frauenzimmers. Er ist durch die feine Gestalt desselben, die muntere Naivetät und die reizende Freundlichkeit genugsam schadlos gehalten, wegen des Mangels von Büchergelehrsamkeit und wegen anderer Mängel, die er durch seine eigene Talente ersetzen muss. Eitelkeit und Moden können wohl diesen natürlichen Trieben eine falsche Richtung geben und aus mancher Mannsperson einen *süßen Herren*, aus dem Frauenzimmer aber eine *Pedantin* oder *Amazone* machen, allein die *Natur* suchet doch jederzeit zu ihrer Ordnung zurückzuführen. Man kann daraus urteilen, welche mächtige Einflüsse die Geschlechterneigung vornehmlich auf das männliche Geschlecht haben könnte, um es zu veredlen, wenn, anstatt vieler trockenen Unterweisungen, das moralische Gefühl des Frauenzimmers zeitig entwickelt würde, um dasjenige gehörig zu empfinden, was zu der Würde und den erhabenen Eigenschaften des anderen Geschlechts gehöret und dadurch vorbereitet würde, den läppischen Zieraffen mit Verachtung anzusehen, und sich keinen andern Eigenschaften als den Verdiensten zu ergeben. Es ist auch gewiss, dass die Gewalt ihrer Reize dadurch überhaupt gewinnen würde; denn es zeiget sich, dass die Bezauberung derselben mehrenteils nur auf edlere Seelen wirke, die andere sind nicht fein genug, sie zu empfinden. Ebenso sagte der Dichter *Simonides*, als man ihm riet, vor den Thessaliern seine schöne Gesänge hören zu lassen: *Diese Kerle sind zu dumm dazu, als dass sie von einem solchen Manne wie ich bin könnten betrogen werden.* Man hat es sonsten schon als eine Wirkung des

Umganges mit dem schönen Geschlecht angesehen, dass die männliche Sitten sanfter, ihr Betragen artiger und geschliffener, und ihr Anstand zierlicher geworden; allein dieses ist nur ein Vorteil in der Nebensache.* Es liegt am meisten daran, dass der Mann als Mann vollkommner werde und die Frau als ein Weib, d. i. dass die Triebfedern der Geschlechterneigung dem Winke der Natur gemäß wirken, den einen noch mehr zu veredlen und die Eigenschaften der andren zu verschönern. Wenn alles aufs Äußerste kommt, so wird der Mann, dreist auf seine Verdienste, sagen können: *Wenn ihr mich gleich nicht liebt, so will ich euch zwingen, mich hochzuachten*, und das Frauenzimmer, sicher der Macht ihrer Reize, wird antworten: *Wenn ihr uns gleich nicht innerlich hochschätzet, so zwingen wir euch doch, uns zu lieben.* In Ermangelung solcher Grundsätze siehet man Männer Weiblichkeiten annehmen, um zu gefallen, und Frauenzimmer bisweilen (wiewohl viel seltner) einen männlichen Anstand

* Dieser Vorteil selbst wird gar sehr gemindert durch die Beobachtung, welche man gemacht haben will, dass diejenige Mannspersonen, welche zu früh und zu häufig in solchen Gesellschaften eingeflochten sind, denen das Frauenzimmer den Ton gibt, gemeiniglich etwas läppisch werden, und im männlichen Umgange langweilig oder auch verächtlich sein, weil sie den Geschmack an einer Unterhaltung verloren haben, die zwar munter aber doch auch von wirklichen Gehalt, zwar scherzhaft aber auch durch ernsthafte Gespräche nützlich sein muss.

künstlen, um Hochachtung einzuflößen; was man aber wider den Dank der Natur macht, das macht man jederzeit sehr schlecht.

In dem ehelichen Leben soll das vereinigte Paar gleichsam eine einzige moralische Person ausmachen, welche durch den Verstand des Mannes und den Geschmack der Frauen belebt und regiert wird. Denn nicht allein, dass man jenem mehr auf Erfahrung gegründete Einsicht, diesem aber mehr Freiheit und Richtigkeit in der Empfindung zutrauen kann, so ist eine Gemütsart, je erhabener sie ist, auch um desto geneigter, die größte Absicht der Bemühungen in der Zufriedenheit eines geliebten Gegenstandes zu setzen, und andererseits je schöner sie ist, desto mehr sucht sie durch Gefälligkeit diese Bemühung zu erwidern. Es ist also in einem solchem Verhältnisse ein Vorzugsstreit läppisch, und, wo er sich eräugnet, das sicherste Merkmal eines plumpen oder ungleich gepaarten Geschmackes. Wenn es dahin kommt, dass die Rede vom Rechte des Befehlshabers ist, so ist die Sache schon äußerst verderbt; denn wo die ganze Verbindung eigentlich nur auf Neigung errichtet ist, da ist sie schon halb zerrissen, so bald sich das Sollen anfängt hören zu lassen. Die Anmaßung des Frauenzimmers in diesem harten Tone ist äußerst hässlich, und des Mannes im höchsten Grade unedel und verächtlich. Indessen bringt es die weise Ordnung der Dinge so mit sich: dass alle diese Feinigkeiten und

Zärtlichkeiten der Empfindung nur im Anfange ihre ganze Stärke haben, in der Folge aber durch Gemeinschaft und häusliche Angelegenheit allmählich stumpfer werden und dann in vertrauliche Liebe ausarten, wo endlich die große Kunst darin besteht, noch genugsame Reste von jenen zu erhalten, damit Gleichgültigkeit und Überdruss nicht den ganzen Wert des Vergnügens aufheben, um dessentwillen es einzig und allein verlohnt hat, eine solche Verbindung einzugehen.

## V
## Von den Nationalcharakteren

Unter den Völkerschaften unseres Weltteils sind meiner Meinung nach die *Italiener* und *Franzosen* diejenige, welche im Gefühl des *Schönen, die Deutsche aber, Engländer und Spanier,* die durch das *Gefühl des Erhabenen* sich unter allen übrigen am meisten ausnehmen. *Holland* kann vor dasjenige Land gehalten werden, wo dieser feinere Geschmack ziemlich unmerklich wird. Das Schöne selbst ist entweder bezaubernd und rührend, oder lachend und reizend. Das erstere hat etwas von dem Erhabenen an sich, und das Gemüt in diesem Gefühl ist tiefsinnig und entzückt, in dem Gefühl der zweiten Art aber lächlend und fröhlich. Denen Italienern scheinet die erstere, denen Franzosen die zweite Art des schönen Gefühls vorzüglich angemessen zu sein. In dem Nationalcharaktere, der den Ausdruck des Erhabenen an sich hat, ist dieses entweder das von der schreckhaftern Art, das sich ein wenig zum Abenteuerlichen neigt, oder es ist ein Gefühl vor das Edle, oder vor das Prächtige. Ich glaube Gründe zu haben, das Gefühl der ersteren Art dem Spanier, der zweiten dem Engländer, und der dritten dem Deutschen beilegen zu können. Das Gefühl vors Prächtige ist seiner Natur nach nicht Original, so wie die übrigen Arten des Geschmacks, und obgleich ein Nachahmungsgeist mit jedem andern Gefühl kann verbunden sein, so ist er doch dem vor das Schimmernd-Erhabene mehr eigen, denn es ist dieses eigentlich ein gemischtes Gefühl, aus dem des Schönen und des Edlen, wo jedes vor sich betrachtet kälter ist, und daher das Gemüt frei genug ist, bei der Verküpfung desselben auf Beispiele zu merken, und auch deren Antrieb vonnöten hat. Der Deutsche wird demnach weniger Gefühl in Ansehung des Schönen haben als der Franzose, und weniger von demjenigen, was auf das Erhabene geht, als der Engländer, aber in denen Fällen, wo beides verbunden erscheinen soll, wird es seinem Gefühl mehr gemäß sein, wie er denn auch die Fehler glücklich vermeiden wird, in die eine ausschweifende Stärke einer jeden dieser Arten des Gefühls allein geraten könnte.

Ich berühre nur flüchtig die Künste und die Wissenschaften, deren Wahl den Geschmack der Nationen bestätigen kann, welchen wir ihnen beigemessen haben. Das italienische Genie hat sich vornehmlich in der Tonkunst, der Malerei, Bildhauerkunst und der Architektur hervorgetan. Alle diese schöne Künste finden einen gleich feinen Geschmack in Frankreich vor sich, obgleich die Schönheit derselben hier weniger rührend ist. Der Geschmack in Ansehung der dichterischen oder rednerischen Vollkommenheit fällt in Frankreich mehr in das Schöne, in England

Immanuel Kant

Zeichnung von Veit Hans Schnorr von Carolsfeld, 1789

mehr in das Erhabene. Die feine Scherze, das Lustspiel, die lachende Satire, das verliebte Tändeln und die leicht und natürlich fließende Schreibart sind dort original. In England dagegen Gedanken von tiefsinnigem Inhalt, das Trauerspiel, das epische Gedicht und überhaupt schweres Gold von Witze, welches unter französischen Hammer zu dünnen Blättchen von großer Oberfläche kann gedehnt werden. In Deutschland schimmert der Witz noch sehr durch die Folie. Ehedem war er schreiend, durch Beispiele aber und den Verstand der Nation ist er zwar reizender und edler geworden, aber jenes mit weniger Naivetät, dieses mit einem minder kühnen Schwunge, als in den erwähnten Völkerschaften. Der Geschmack der holländischen Nation an einer peinlichen Ordnung und einer Zierlichkeit, die in Bekümmernis und Verlegenheit setzet, lässt auch wenig Gefühl in Ansehung der ungekünstelten und freien Bewegungen des Genies vermuten, dessen Schönheit durch die ängstliche Verhütung der Fehler nur würde entstellt werden. Nichts kann allen Künsten und Wissenschaften mehr entgegen sein als ein abenteuerlicher Geschmack, weil dieser die Natur verdreht, welche das Urbild alles Schönen und Edlen ist. Daher hat die spanische Nation auch wenig Gefühl vor die schönen Künste und Wissenschaften an sich gezeiget.

Die Gemütscharaktere der Völkerschaften sind am kenntlichsten bei demjenigen, was an ihnen moralisch ist; um deswillen wollen wir noch das verschiedene Gefühl derselben in Ansehung des Erhabenen und Schönen aus diesem Gesichtspunkte in Erwägung ziehen.

Der *Spanier* ist ernsthaft, verschwiegen und wahrhaft. Es gibt wenig redlichere Kaufleute in der Welt als die spanischen. Er hat eine stolze Seele und mehr Gefühl vor große als vor schöne Handlungen. Da in seiner Mischung wenig von den gütigen und sanften Wohlwollen anzutreffen ist, so ist er öfters hart und auch wohl grausam. Das *Autodafé* erhält sich nicht sowohl durch den Aberglauben, als durch die abenteuerliche Neigung der Nation, welche durch einen ehrwürdig-schrecklichen Aufzug gerührt wird, worin es den mit Teufelsgestalten bemalten *San Benito* den Flammen, die eine wütende Andacht entzündet hat, überliefern sieht. Man kann nicht sagen, der Spanier sei hochmütiger, oder verliebter als jemand aus einem andern Volke, allein er ist beides auf eine abenteuerliche Art, die seltsam und ungewöhnlich ist. Den Pflug stehen lassen und mit einem langen Degen und Mantel so lange auf dem Ackerfelde spazieren, bis der vorüber reisende Fremde vorbei ist, oder in einem Stiergefechte, wo die Schönen des Landes einmal unverschleiert gesehen werden, seine Beherrscherin durch einen besonderen Gruß ankündigen und denn ihr zu Ehren sich in einen gefährlichen Kampf mit einem wilden Tiere wagen, sind ungewöhnliche und seltsame Handlungen, die von dem Natürlichen weit abweichen.

Der *Italiener* scheint ein gemischtes Gefühl zu haben, von dem eines Spaniers und dem eines Franzosen; mehr Gefühl vor das Schöne als der erstere und mehr vor das Erhabene als der letztere. Auf diese Art können, wie ich meine, die übrige Züge seines moralischen Charakters erklärt werden.

Der *Franzose* hat ein herrschendes Gefühl vor das moralisch *Schöne*. Er ist artig, höflich und gefällig. Er wird sehr geschwinde vertraulich, ist scherzhaft und frei im Umgange, und der Ausdruck *ein Mann oder eine Dame von gutem Tone* hat nur eine verständliche Bedeutung vor den, der das artige Gefühl eines Franzosen erworben hat. Selbst seine erhabene Empfindungen, deren er nicht wenige hat, sind dem Gefühle des Schönen untergeordnet und bekommen nur ihre Stärke durch die Zusammenstimmung mit dem letzteren. Er ist sehr gerne witzig und wird einem Einfalle ohne Bedenken etwas von der Wahrheit aufopfern. Dagegen, wo man nicht witzig sein kann,* zeiget er

* In der Metaphysik, der Moral und den Lehren der Religion kann man bei den Schriften dieser Nation nicht behutsam genug sein. Es herrschet darin gemeiniglich viel schönes Blendwerk, welches in einer kalten Untersuchung die Probe nicht hält. Der Franzose liebt das Kühne in seinen Aussprüchen; allein um zur Wahrheit zu gelangen muss man nicht kühn sondern behutsam sein. In der Geschichte hat er gerne Anekdoten, denen nichts weiter fehlt, als dass zu wünschen ist, dass sie nur wahr wären.

ebensowohl gründliche Einsicht, als jemand aus irgendeinem andern Volke, z. E. in der Mathematik und in den übrigen trockenen oder tiefsinnigen Künsten und Wissenschaften. Ein *Bonmot* hat bei ihm nicht den flüchtigen Wert als anderwärts, es wird begierig verbreitet und in Büchern aufbehalten, wie die wichtigste Begebenheit. Er ist ein ruhiger Bürger und rächet sich wegen der Bedrückungen der Generalpächter durch Satiren, oder durch Parlaments-Remonstrationen, welche, nachdem sie ihrer Absicht gemäß den Vätern des Volks ein schönes patriotisches Ansehen gegeben haben, nichts weiter tun, als dass sie durch eine rühmliche Verweisung gekrönt und in sinnreichen Lobgedichten besungen werden. Der Gegenstand, auf welchen sich die Verdienste und Nationalfähigkeiten dieses Volks am meisten beziehen, ist das Frauenzimmer.* Nicht, als

* Das Frauenzimmer gibt in Frankreich allen Gesellschaften und allem Umgange den Ton. Nun ist wohl nicht zu leugnen, dass die Gesellschaften ohne das schöne Geschlecht ziemlich schmacklos und langweilig sein; allein wenn die Dame darin den schönen Ton angibt, so sollte der Mann seinerseits den edlen angeben. Widrigenfalls wird der Umgang ebensowohl langweilig, aber aus einem entgegengesetzten Grunde; weil nichts so sehr verekelt als lauter Süßigkeit. Nach dem französischen Geschmacke heißt es nicht: ist der Herr zu Hause, sondern: ist Madame zu Hause? Madame ist vor der Toilette, Madame hat Vapeurs (eine Art schöner Grillen); kurz, mit Madame und von Madame beschäftigen sich alle Unterredungen und alle Lustbarkeiten. Indessen ist das Frauenzimmer da-

wenn es hier mehr als anderwärts geliebt oder geschätzet würde, sondern weil es die beste Veranlassung gibt, die beliebteste Talente des Witzes, der Artigkeit und der guten Manieren in ihrem Lichte zu zeigen; übrigens liebet eine eitele Person eines jeden Geschlechts jederzeit nur sich selbst; die andere ist bloß ihr Spielwerk. Da es den Franzosen an edlen Eigenschaften gar nicht gebricht, nur dass diese durch die Empfindung des Schönen allein können belebt werden, so würde das schöne Geschlecht hier einen mächtigern Einfluss haben können, die edelste Handlungen des männlichen zu erwecken und rege zu machen, als irgend sonsten in der Welt, wenn man bedacht wäre, diese Richtung des Nationalgeistes ein wenig zu begünstigen. Es ist schade, dass die Lilien nicht spinnen.

Der Fehler, woran dieser Nationalcharakter am nächsten grenzt, ist das Läppische, oder mit einem höflicheren Ausdrucke das Leichtsinnige. Wichtige

durch gar nicht mehr geehrt. Ein Mensch welcher tändelt ist jederzeit ohne Gefühl, sowohl der wahren Achtung als auch der zärt lichen Liebe. Ich möchte wohl, um wer weiß wie viel, dasjenige nicht gesagt haben, was *Rousseau so verwegen behauptet: dass ein Frauenzimmer niemals etwas mehr als ein großes Kind werde.* Allein der scharfsichtige Schweizer schrieb dieses in Frankreich und vermutlich empfand er es, als ein so großer Verteidiger des schönen Geschlechts, mit Entrüstung, dass man demselben nicht mit mehr wirklicher Achtung daselbst begegnet.

Dinge werden als Spaße behandelt, und Kleinigkeiten dienen zur ernsthaftesten Beschäftigung. Im Alter singt der Franzose alsdenn noch lustige Lieder und ist, so viel er kann, auch galant gegen das Frauenzimmer. Bei diesen Anmerkungen habe ich große Gewährsmänner aus eben derselben Völkerschaft auf meiner Seite, und ziehe mich hinter einen Montesquieu und d'Alembert, um wider jeden besorglichen Unwillen sicher zu sein.

Der *Engländer* ist im Anfange einer jeden Bekanntschaft kaltsinnig, und gegen einen Fremden gleichgültig. Er hat wenig Neigung zu kleinen Gefälligkeiten; dagegen wird er, so bald er ein Freund ist, zu großen Dienstleistungen auferlegt. Er bemühet sich wenig im Umgange witzig zu sein, oder einen artigen Anstand zu zeigen, dagegen ist er verständig und gesetzt. Er ist ein schlechter Nachahmer, frägt nicht viel darnach was andere urteilen und folget lediglich seinem eigenen Geschmacke. Er ist in Verhältnis auf das Frauenzimmer nicht von französischer Artigkeit, aber bezeiget gegen dasselbe weit mehr Achtung und treibt diese vielleicht zu weit, indem er im Ehestande seiner Frauen gemeiniglich ein unumschränktes Ansehen einräumet. Er ist standhaft, bisweilen bis zur Hartnäckigkeit, kühn und entschlossen, oft bis zur Vermessenheit und handelt nach Grundsätzen gemeiniglich bis zum Eigensinne. Er wird leichtlich ein Sonderling, nicht aus Eitelkeit, sondern weil er sich wenig um andre bekümmert, und seinem Geschmacke aus Gefälligkeit oder Nachahmung nicht leichtlich Gewalt tut; um deswillen wird er selten so sehr geliebt als der Franzose, aber, wenn er gekannt ist, gemeiniglich mehr hochgeachtet.

Der *Deutsche* hat ein *gemischtes* Gefühl aus dem eines Engländers und dem eines Franzosen, scheint aber dem ersteren am nächsten zu kommen, und die größere Ähnlichkeit mit dem letzteren ist nur gekünstelt und nachgeahmt. Er hat eine glückliche Mischung in dem Gefühle so wohl des Erhabenen und des Schönen; und wenn er in dem ersteren es nicht einem Engländer, im zweiten aber dem Franzosen nicht gleich tut, so übertrifft er sie beide, insoferne er sie verbindet. Er zeigt mehr Gefälligkeit im Umgange als der erstere, und, wenn er gleich nicht so viel angenehme Lebhaftigkeit und Witz in die Gesellschaft bringt, als der Franzose, so äußert er doch darin mehr Bescheidenheit und Verstand. Er ist, so wie in aller Art des Geschmacks, also auch in der Liebe ziemlich methodisch, und indem er das Schöne mit dem Edlen verbindet, so ist er in der Empfindung beider kalt genug, um seinen Kopf mit den Überlegungen des Anstandes, der Pracht und des Aufsehens zu beschäftigen. Daher sind Familie, Titel und Rang bei ihm sowohl im bürgerlichen Verhältnisse als in der Liebe Sachen von großer Bedeutung. Er frägt weit mehr als die vorige darnach: was *die Leute von ihm urteilen möchten*, und wo etwas in seinem Charaktere ist, das den Wunsch einer Hauptverbesserung rege machen könnte, so ist es diese Schwachheit, nach welcher er sich nicht erkühnet, Original zu sein, ob er gleich dazu alle Talente hat, und dass er sich zu viel mit der Meinung anderer einlässt, welches den sittlichen Eigenschaften alle Haltung nimmt, indem es sie wetterwendisch und falsch gekünstelt machet.

Der *Holländer* ist von einer ordentlichen und emsigen Gemütsart, und, indem er lediglich auf das Nützliche sieht, so hat er wenig Gefühl vor dasjenige, was im feineren Verstande schön oder erhaben ist. Ein großer Mann bedeutet bei ihm ebenso viel als ein reicher Mann, unter dem Freunde versteht er seinen Korrespondenten, und ein Besuch ist ihm sehr langweilig, der ihm nichts einbringt. Er macht den Kontrast sowohl gegen den Franzosen als den Engländer, und ist gewissermaßen ein sehr phlegmatisierter Deutsche.

Wenn wir den Versuch dieser Gedanken in irgendeinem Falle anwenden, um z. E. das Gefühl der Ehre zu erwägen, so zeigen sich folgende Nationalunterschiede. Die Empfindung vor die Ehre ist am Franzosen *Eitelkeit*, an dem Spanier *Hochmut*, an dem Engländer *Stolz*, an dem Deutschen *Hoffart*, und an dem Holländer *Aufgeblasenheit*. Diese Ausdrücke scheinen beim ersten Anblicke einerlei zu bedeuten, allein sie bemerken nach dem Reichtum unserer deutschen Sprache sehr kenntliche Unterschiede. Die *Eitelkeit* buhlet um Beifall, ist flatterhaft und veränderlich, ihr äußeres Betragen aber ist *höflich*. Der *Hochmütige* ist voll von fälschlich eingebildeten großen Vorzügen und bewirbt sich nicht viel um den Beifall anderer, seine Aufführung ist steif und *hochtrabend*. Der *Stolz* ist eigentlich nur ein größeres Bewusstsein seines eigenen Wertes, der öfters sehr richtig sein kann (um deswillen er auch bisweilen ein edler Stolz heißt; niemals aber kann ich jemanden einen edlen Hochmut beilegen, weil dieser jederzeit eine unrichtige und übertriebene Selbstschätzung anzeigt), das Betragen des Stolzen gegen andere ist *gleichgültig* und kaltsinnig. Der *Hoffärtige* ist ein Stolzer, der zugleich eitel ist.* Der Beifall aber, den er bei andern sucht, besteht in Ehrenbezeugungen. Daher schimmert er gerne durch Titel, Ahnenregister und Gepränge. Der Deutsche ist vornehmlich von dieser Schwachheit angesteckt. Die Wörter: Gnädig, Hochgeneigt, Hoch- und Wohlgeb. und dergleichen Bombast mehr, machen seine Sprache

* Es ist nicht nötig, dass ein Hoffärtiger zugleich hochmütig sei, d. i. sich eine übertriebene falsche Einbildung von seinen Vorzügen mache, sondern er kann vielleicht sich nicht höher schätzen als er wert ist, er hat aber nur einen falschen Geschmack, diesen seinen Wert äußerlich geltend zu machen.

steif und ungewandt, und verhindern gar sehr die schöne Einfalt, welche andere Völker ihrer Schreibart geben können. Das Betragen eines Hoffärtigen in dem Umgange ist *Zeremonie*. Der Aufgeblasene ist ein Hochmütiger, welcher deutliche Merkmale der Verachtung anderer in seinem Betragen äußert. In der Aufführung ist er *grob*. Diese elende Eigenschaft entfernet sich am weitesten vom feineren Geschmakke, weil sie offenbar dumm ist; denn das ist gewiss nicht das Mittel, dem Gefühl vor Ehre ein Gnüge zu leisten, dass man durch offenbare Verachtung alles um sich zum Hasse und zur beissenden Spötterei auffordert.

In der Liebe haben der Deutsche und der Engländer einen ziemlich guten Magen, etwas fein von Empfindung, mehr aber von gesundem und *derben Geschmacke*. Der Italiener ist in diesem Punkte *grüblerisch*, der Spanier *phantastisch*, der Franzose *vernascht*.

[...]

Gehen wir mit einem flüchtigen Blicke noch die andere Weltteile durch, so treffen wir den *Araber* als den edelsten Menschen im Oriente an, doch von einem Gefühl, welches sehr in das Abenteuerliche ausartet. Er ist gastfrei, großmütig und wahrhaft; allein seine Erzählung und Geschichte und überhaupt seine Empfindung ist jederzeit mit etwas Wunderbarem durchflochten. Seine erhitzte Einbildungskraft stellet ihm die Sachen in unnatürlichen und verzogenen Bildern dar, und selbst die Ausbreitung seiner Religion war ein großes Abenteuer. Wenn die Araber gleichsam die Spanier des Orients sein, so sind die *Perser* die Franzosen von Asien. Sie sind gute Dichter, höflich und von ziemlich feinem Geschmacke. Sie sind nicht so strenge Befolger des Islam und erlauben ihrer zur Lustigkeit aufgelegten Gemütsart eine ziemlich milde Auslegung des Koran. Die *Japoneser* könnten gleichsam als die Engländer dieses Weltteils angesehen werden, aber kaum in einer andern Eigenschaft als ihrer Standhaftigkeit, die bis zur äußersten Halsstarrigkeit ausartet, ihrer Tapferkeit und Verachtung des Todes. Übrigens zeigen sie wenig Merkmale eines feineren Gefühls an sich. Die *Indianer* haben einen herrschenden Geschmack von Fratzen, von derjenigen Art, die ins Abenteuerliche einschlägt. Ihre Religion besteht aus Fratzen. Götzenbilder von ungeheurer Gestalt, der unschätzbare Zahn des mächtigen Affen Hanuman, die unnatürliche Büßungen der Fakirs (heidnischer Bettelmönche) u.s.w. sind in diesem Geschmacke. Die willkürliche Aufopferung der Weiber, in eben demselben Scheiterhaufen der die Leiche ihres Mannes verzehrt, ist ein scheußliches Abenteuer. Welche läppische Fratzen enthalten nicht die weitschichtige und ausstudierte Komplimente der *Chineser*; selbst ihre Gemälde sind fratzenhaft und stellen wunderliche und unnatürliche Gestalten vor, dergleichen nirgend in der Welt anzutreffen sind. Sie haben auch ehrwürdige Fratzen, darum weil sie von uraltem Gebrauch sind,* und keine Völkerschaft in der Welt hat deren mehr als diese.

Die *Negers* von Afrika haben von der Natur kein Gefühl, welches über das Läppische stiege. Herr Hume fodert jedermann auf, ein einziges Beispiel anzuführen, da ein Neger Talente gewiesen habe, und behauptet: dass unter den Hunderttausenden von Schwarzen, die aus ihren Ländern anderwärts verführt werden, obgleich deren sehr viele auch in Freiheit gesetzt werden, dennoch nicht ein einziger jemals gefunden worden, der entweder in Kunst oder Wissenschaft, oder irgend einer andern rühmlichen Eigenschaft etwas Großes vorgestellt habe, obgleich unter den Weißen sich beständig welche aus dem niedrigsten Pöbel empor schwingen, und durch vorzügliche Gaben in der Welt ein Ansehen erwerben. So wesentlich ist der Unterschied zwischen diesen zwei Menschengeschlechtern, und er scheint ebenso groß in Ansehung der Gemütsfähigkeiten, als der Farbe nach zu sein. Die unter ihnen weit ausgebreitete Religion der Fetische ist vielleicht eine Art von

* Man begehet noch in Peking die Zeremonie, bei einer Sonnen- oder Mondfinsternis durch großes Geräusch den Drachen zu verjagen, der diese Himmelskörper verschlingen will, und behält einen elenden Gebrauch aus den ältesten Zeiten der Unwissenheit bei, ob man gleich jetzo besser belehrt ist.

Götzendienst, welcher so tief ins Läppische sinkt, als es nur immer von der menschlichen Natur möglich zu sein scheinet. Eine Vogelfeder, ein Kuhhorn, eine Muschel, oder jede andere gemeine Sache, sobald sie durch einige Worte eingeweihet worden, ist ein Gegenstand der Verehrung und der Anrufung in Eidschwüren. Die Schwarzen sind sehr eitel, aber auf Negerart, und so plauderhaft, dass sie mit Prügeln müssen auseinander gejagt werden.

Unter allen *Wilden* ist keine Völkerschaft, welche einen so erhabenen Gemütscharakter an sich zeigete, als die von *Nordamerika.* Sie haben ein starkes Gefühl vor Ehre, und, indem sie, um sie zu erjagen, wilde Abenteuer Hunderte von Meilen weit aufsuchen, so sind sie noch äußerst aufmerksam, den mindesten Abbruch derselben zu verhüten, wenn ihr ebenso harter Feind, nachdem er sie ergriffen hat, durch grausame Qualen feige Seufzer von ihnen zu erzwingen sucht. Der kanadische Wilde ist übrigens wahrhaft und redlich. Die Freundschaft, die er errichtet, ist ebenso abenteuerlich und enthusiastisch, als was jemals aus den ältesten und fabelhaften Zeiten davon gemeldet worden. Er ist äußerst stolz, empfindet den ganzen Wert der Freiheit und erduldet selbst in der Erziehung keine Begegnung, welche ihm eine niedrige Unterwerfung empfinden ließe. *Lycurgus* hat wahrscheinlicher Weise eben dergleichen Wilden Gesetze gegeben, und wenn ein Gesetzgeber unter den sechs Nationen aufstünde, so würde man eine spartanische Republik sich in der neuen Welt erheben sehen; wie denn die Unternehmung der Argonauten von den Kriegeszügen dieser Indianer wenig unterschieden ist, und Jason vor dem *Attakakullakulla* nichts als die Ehre eines griechischen Namens voraus hat. Alle diese Wilde haben wenig Gefühl vor das Schöne im moralischen Verstande, und die großmütige Vergebung einer Beleidigung, die zugleich edel und schön ist, ist als Tugend unter den Wilden völlig unbekannt, sondern wird wie eine elende Feigheit verachtet. Tapferkeit ist das größeste Verdienst des Wilden, und Rache seine süßeste Wollust. Die übrigen Eingeborne dieses Weltteils zeigen wenig Spuren eines Gemütscharakters, welcher zu feineren Empfindungen auferlegt wäre, und eine außerordentliche Fühllosigkeit macht das Merkmal dieser Menschen Gattungen aus.

Betrachten wir das Geschlechter-Verhältnis in diesen Weltteilen, so finden wir, dass der *Europäer* einzig und allein das Geheimnis gefunden hat, den sinnlichen Reiz einer mächtigen Neigung mit so viel Blumen zu schmücken und mit so viel Moralischem zu durchflechten, dass er die Annehmlichkeiten desselben nicht allein überaus erhöhet sondern auch sehr anständig gemacht hat. Der Bewohner des *Orients* ist in diesem Punkte von sehr falschem Geschmacke. Indem er keinen Begriff hat von dem sittlich Schönen, das mit diesem Triebe kann verbunden werden, so büßet er auch so gar den Wert des sinnlichen Vergnügens ein, und sein Haram ist ihm eine beständige Quelle von Unruhe. Er gerät auf allerlei verliebte Fratzen, worunter das eingebildete Kleinod eins der vornehmsten ist, dessen er sich vor allem zu versichern sucht, dessen ganzer Wert nur darin besteht, dass man es zerbricht, und von welchem man überhaupt in unserem Weltteil viel hämischen Zweifel heget, und zu dessen Erhaltung er sich sehr unbilliger und öfters ekelhafter Mittel bedienet. Daher ist eine Frauensperson daselbst jederzeit im Gefängnisse, sie mag nun ein Mädchen sein, oder einen barbarischen, untüchtigen und jederzeit argwöhnischen Mann haben. In den Ländern der *Schwarzen* was kann man da Besseres erwarten, als was durchgängig daselbst angetroffen wird, nämlich das weibliche Geschlecht in der tiefsten *Sklaverei*? Ein Verzagter ist allemal ein strenger Herr über den Schwächeren, so wie auch bei uns derjenige Mann jederzeit ein Tyrann in der Küche ist, welcher außer seinem Hause sich kaum erkühnet, jemanden unter die Augen zu treten. Der Pater Labat meldet zwar, dass ein Negerzimmermann, dem er das hochmütige Verfahren gegen seine Weiber vorgeworfen, geantwortet habe: *Ihr Weiße seid rechte Narren, denn zuerst räumet ihr euren Weibern so viel ein, und hernach klagt ihr, wenn sie euch den Kopf toll machen*; es ist auch, als wenn hierin so etwas wäre, was vielleicht verdiente, in Überlegung gezogen zu werden, allein kurzum, dieser Kerl war vom Kopf bis auf die Füße ganz schwarz, ein deutlicher Beweis, dass das was er sagte dumm war. Unter allen Wilden sind keine, bei denen das weibliche Geschlecht in größerem wirklichen Ansehen stünde, als die von *Kanada*. Vielleicht übertreffen sie darin so gar unseren gesitteten Weltteil. Nicht, als wenn man den Frauen daselbst demütige Aufwartungen machte; das sind nur Komplimente. Nein sie haben wirklich zu befehlen. Sie versammlen sich und beratschlagen über die wichtigste Anordnungen der Nation, über Krieg und Frieden. Sie schicken darauf ihre Abgeordnete an den männlichen Rat und gemeiniglich ist ihre Stimme diejenige, welche entscheidet. Aber sie erkaufen diesen Vorzug teuer genug. Sie haben alle häusliche Angelegenheiten auf dem Halse, und nehmen an allen Beschwerlichkeiten der Männer mit Anteil.

Wenn wir zuletzt noch einige Blicke auf die Geschichte werfen, so sehen wir den Geschmack der Menschen wie einen Proteus stets wandelbare Gestalten annehmen. Die alten Zeiten der Griechen und Römer zeigeten deutliche Merkmale eines echten Gefühls vor das Schöne sowohl als das Erhabene, in der Dichtkunst, der Bildhauerkunst, der Architektur, der Gesetzgebung, und selbst in den Sitten. Die Regierung der römischen Kaiser veränderte die edle sowohl als die schöne Einfalt in das Prächtige und dann in den falschen Schimmer, wovon uns noch die Überbleibsel ihrer Beredsamkeit, Dichtkunst und selbst die Geschichte ihrer Sitten belehren können. Allmählich erlosch auch dieser Rest des feinern Geschmacks mit dem gänzlichen Verfall des Staats. Die Barbaren, nachdem sie ihrerseits ihre Macht befestigten, führten einen gewissen verkehrten Geschmack ein, den man den gotischen nennet, und der auf Fratzen auslief. Man sahe nicht allein Fratzen in der Baukunst, sondern auch in den Wissenschaften und den übrigen Gebräuchen. Das verunartete Gefühl, da es einmal durch falsche Kunst geführet ward, nahm eher eine jede andere unnatürliche Gestalt, als die alte Einfalt der Natur an, und war entweder beim Übertriebenen, oder beim Läppischen. Der höchste Schwung, den das menschliche Genie nahm, um zu dem Erhabenen aufzusteigen, bestand in Abenteuern. Man sahe geistliche und weltliche Abenteurer, und oftmals eine widrige und ungeheure Bastardart von beiden. Mönche, mit dem Messbuch in einer und der Kriegesfahne in der andern Hand, denen ganze Heere betrogener Schlachtopfer folgten, um in andern Himmelsgegenden und in einem heiligeren Boden ihre Gebeine verscharren zu lassen, eingeweihte Krieger, durch feierliche Gelübde zur Gewalttätigkeit und Missetaten geheiligt, in der Folge eine seltsame Art von heroischen Phantasten, welche sich Ritter nannten und Abenteuer aufsuchten, Turniere, Zweikämpfe und romanische Handlungen. Während dieser Zeit ward die Religion zusamt den Wissenschaften und Sitten durch elende Fratzen entstellt, und man bemerket, dass der Geschmack nicht leichtlich auf einer Seite ausartet, ohne auch in allem übrigen, was zum feineren Gefühl gehört, deutliche Zeichen seiner Verderbnis darzulegen. Die Klostergelübde machten aus einem großen Teil nutzbarer Menschen zahlreiche Gesellschaften emsiger Müßiggänger, deren grüblerische Lebensart sie geschickt machte, tausend Schulfratzen auszuhecken, welche von da in größere Welt ausgingen und ihre Art verbreiteten. Endlich, nachdem das menschliche Genie von einer fast gänzlichen Zerstörung sich durch eine Art von Palingenesie glücklich wiederum erhoben hat, so sehen wir in unsern Tagen den richtigen Geschmack des Schönen und Edlen sowohl in den Künsten und Wissenschaften als in Ansehung des Sittlichen aufblühen, und es ist nichts mehr zu wünschen, als dass der falsche Schimmer, der so leichtlich täuscht, uns nicht unvermerkt von der edlen Einfalt entferne, vornehmlich aber, dass das noch unentdeckte Geheimnis der Erziehung dem alten Wahne entrissen werde, um das sittliche Gefühl frühzeitig in dem Busen eines jeden jungen Weltbürgers zu einer tätigen Empfindung zu erhöhen, damit nicht alle Feinigkeit bloß auf das flüchtige und müßige Vergnügen hinauslaufe, dasjenige, was außer uns vorgeht, mit mehr oder weniger Geschmacke zu beurteilen.

Immanuel Kant

Zeitgenössischer Kupferstich nach einer Zeichnung von Veit Hans Schnorr von Carolsfeld

VI

## Wer lacht – der Körper oder der Mensch?

Habituell zur Fröhlichkeit gestimmt zu sein, ist zwar mehrenteils eine Temperamentseigenschaft, kann aber auch oft eine Wirkung von Grundsätzen sein; wie *Epikurs* von anderen so genanntes und darum verschrieenes *Wohllustsprinzip*, was eigentlich das *stets fröhliche Herz* des Weisen bedeuten sollte. [...] So kann und sollte es Frömmigkeit in guter Laune geben; so kann und soll man beschwerliche, aber notwendige Arbeit in guter Laune verrichten; ja selbst sterben in guter Laune: denn alles dieses verliert seinen Wert dadurch, dass es in übler Laune und mürrischer Stimmung begangen oder erlitten wird.

Es ist eben nicht die lieblichste Bemerkung an Menschen: dass ihr Vergnügen durch Vergleichung mit anderer ihrem Schmerz erhöht, der eigene Schmerz aber durch die Vergleichung mit anderer ähnlichen oder noch größeren Leiden vermindert wird.

Der Witz ist sehr verführerisch; steigt einem Poeten einmal *ein recht witziger* Einfall auf; so möchte er lieber gehangen werden, als den Einfall in der Geburt ersticken. Er glaubt es sei eine Art von Kindermord, ein so schön Geschöpf des Verstandes zu vertilgen. Wer einmal einen Hang zum Witz hat, kann ihn nicht dämpfen.

Die Menschen lieben nichts in der Welt so sehr, als einen witzigen Einfall, darum können sie ihn auch nicht bei sich behalten, ja, wenn manche ihn nicht unter ihrem Namen der Welt bekannt machen können, so tun sie es unter einem fremden.

Das Lachen ist eine sonderbare Erscheinung, alle Menschen lachen gerne, sogar der Hypochondrist. Einem kleinen dicken und fetten Mann steht das Lachen sehr gut an, daher man auf dem Theater zu einer lächerlichen Rolle gerne einen kleinen und dicken Mann nimmt, indem er schon durch seine Statur gleichsam per Sympathie zum Lachen reizt. Fette Leute lachen sonderlich beim Essen gerne, überhaupt sucht man bei der Tafel nicht Gelehrsamkeit auszukramen, sondern gerne lustig Zeug auf die Bahn zu bringen. *Indessen ist es nicht leicht, etwas zu erfinden, was alle und auch Vernünftige zum Lachen bewegt.*

*Gegenstände des Lachens*, bei allem, was Lachen erregt, findet man, dass es unerwartet kommt, wenigstens in der Vorstellung. Es kommt ein Kontrast nach, den man nicht vermutet hat. In Frankreich hatte eine Baukommission eine Brücke über einen Fluss schlagen lassen; da sie nun fertig war; so wollen sie selbige besehen; es wurde dahero ohnweit derselben eine Mahlzeit bestellt, und sie fuhren dahin. Wie sie über dem Essen waren, ging ein Gaskonier an der Brücke hin und her. Man sahe ihm zu, bis einer aus der Gesellschaft auf die Gedanken geriet, er müsste von ihrem Metier sein. Sie beschlossen dahero ihn zur Mahlzeit einzuladen, er kam und ließ es sich gut schmecken. Über dem Essen wurde über die Brücke diskuriert. Der Gaskonier aß immer fort und sagte kein Wort. Als sie sahen, dass er satt war, frugen sie ihn um seine Meinung von der Brücke die er so lange betrachtet hatte. Ich dachte sagte er, ihr habt's recht gut gemacht, dass ihr die Brücke quer über den Fluss geschlagen, denn hättet ihr sie in die Länge bauen wollen, so wäret ihr nie zu Ende gekommen. Alle witzige Einfälle haben dieses Merkmal, dass man sich in der Erwartung betrogen findet. Das Gemüt wird durch eine andere Direktion der Ideen zurückgebracht.

*Materie des Lachens.* Außer den angeführten Widersprüchen, und was in die Augen fallend ist, wo oft vielfältig aus wunderbaren Widersprüchen ein Lachen entspringt, ohne dass Witz oder Geschichte durchflochten sind. Ein Gaskonier sagte, da er eine Ehrenpforte sah, wo ein Genius eine Krone über dem Kopf eines Gemalten hielt: Man sieht nicht ob er sie ihm abnimmt oder aufsetzt.

Wir können gar nicht einsehen, dass eine Ungereimtheit eine Fröhlichkeit erregen könne, und ebenso schwer ist es die Ursache des Lachens durch den Widerspruch einzusehen. *Heinrich IV.* sahe einmal einen Edelmann mit einer trotzigen Miene auf und nieder gehen, es schien dass er selten aus dem Dorfe kam, wo er der Vornehmste war. Der König war ganz schlecht angezogen und frug ihn: Wem dienen Sie? Keinem, antwortete er, ich bin mein eigner Herr. Das bedaure ich, antwortete der König, denn Sie haben einen rechten Flegel zum Herren. Der Widerspruch steckt hier darin, dass er beim Bedauren etwas Gutes im Sinn zu haben scheint, und just das Gegenteil meint.

Das Kitzeln ist eine Reizung der Fasern und Nerven, das Zwerchfell, welches den ganzen innern Leib umgibt (es liegt über dem Magen zwischen dem Ober- und Unterleib), wird bei einer Erwartung zusammengezogen; es gerät in eine schwankende Bewegung; die durch die unerwartete Dinge verursacht wird. Diese Bewegung stößt die Lunge an, und setzt sie gleichfalls in Bewegung, die durch das Einziehen und Ausblasen der Luft stoßweise den Ausbruch der Freude oder das Lachen hervorbringt.

Unsere Seele denkt niemals allein, sondern im Laboratorio des Körpers, es ist immer eine Harmonie zwischen ihnen beiden. So wie die Seele denkt, bewegt sie den Körper mit. Die Bewegungen des Körpers gehen weiter fort, daher uns das Abspringen sehr frappiert.

*Heinrich IV* sollte von einem Magistrat bewillkommt werden; der Magistrat ging ihm also eine Meile weit entgegen. Sie hatte Maulesel genommen, ihre Sachen zu tragen. Da nun einer von ihnen sein Kompliment anbrachte; so wieherte ein Esel. Ihr Herren Magistratspersonen! rief der König, redet doch nicht alle auf einmal. – Ungereimtheit macht eigentlich kein Vergnügen, würde man das Ungereimte nicht ernsthaft erzählen; so würde die Ungereimtheit bleiben, aber das Lachen wegfallen. – Das Gemüt muss treuherzig einen falschen Weg geführt werden. Daher einer, der zu lachen will machen, es sich nicht muss merken lassen. Am besten ist's wenn er die Ungereimtheit in die *letzte* Zeile bringen kann.

Da das Lachen gesund ist, so genügt's auch so sehr. In der Gesellschaft mag jeder gerne etwas erzählen, und wartet begierig, bis der andere aufhört, das kommt daher, dass das Lachen eine so gute Motion ist. Eine tragische Vorstellung verursacht auch Bewegung, besonders wenn allerlei Affekten, als Zorn, Mittleid, Hoffnung, Großmut pp. darin vorkommen. Es sind viele Teile des Körpers, die eine gewisse Ergießung des Bluts bedürfen, damit die Gefäße, nachdem es nötig, entweder ausgedehnt, oder zusammengezogen werden können. Der Mensch geht in eine Komödie um zu lachen und besser zu transpiriren. Die in eine Tragödie gehen, wollen die Gefäße exzitieren, aus denen die Träume kommen, und es ist ebenso gut als wenn man sich schröpfen ließe.

Die letzten Absichten der Menschen sind mehr kindisch und albern, der Mensch sieht's selbst oft ein, und er ist nie so ernsthaft in den Zwecken, als in den Mitteln [...].

Die Ernsthaftigkeit als ein Mittel des Spaßes ist nicht immer zu billigen, aber ein beständiges Gelächter ist auch unerträglich, und macht die ganze Unterhaltung fade. Ohne Räson lachen macht nicht dass andere mitlachen, das Lachen ist ansteckend und verbreitet sich sehr. Der Mensch lacht gerne, wenn er nur irgend Ursache dazu hat, und alles ist ihm zuwider, wenn er nicht sympathisieren kann.

Ein munterer aufgeweckter Kopf ist einer Gesellschaft immer willkommen. Das Menschengeschlecht ist mehr zur Fröhlichkeit, Lustigkeit und guter Laune gebaut, als Runzeln zu ziehen. An einem Abend wo man recht herzlich gelacht, denkt man weit länger, als an dem wo kostbar gespeiset worden.

Der Mensch hängt an vielerlei Torheiten, er wird aber erst alsdenn ein rechter Tor, wenn er Torheiten zu wichtigen Dingen macht. Es scheint als wenn unsere Erde ein großes Narrenhospital ist, wo aus dem ungeheuren Universo alle Narren hingeschickt werden, die Quarantaine zu halten. Jener nannte es das allgemeine Appartement des ganzen großen Schöpfungs-Systems, wo aller Unrat, der dort oben nichts taugt, hingeworfen wird.

Tristram Shandy sagt: es mag einer mit seinem Steckenpferde die Straßen auf und nieder reiten, wenn er mich nur nicht nötiget hinten aufzusitzen. Lass einer seine Lieblings-Neigung immer behalten, wenn er nur mir damit nicht schadet. Warum sollen wir die Menschen damit beunruhigen? Die Welt ist voller Torheit, und wir alle sind insgesamt Narren.

Betrachten wir den Menschen nur auf dieser Welt, so ist er ein Objekt zum Lachen. Nehmen wir ihn vor einen strengen Richter, so ist sein Schicksal beweinenswert. An die Stelle nun diese beiderlei Gesinnung zu verbinden, so wechselt er damit. Lacht sein Leben durch und weint oder seufzt an Sonntagen und beim Sterben.

Es muss in allem, was ein lebhaftes erschütterndes Lachen erregen soll, etwas Widersinniges sein (woran also der Verstand an sich kein Wohlgefallen finden kann). *Das Lachen ist ein Affekt aus der plötzlichen Verwandlung einer gespannten Erwartung in nichts.* Eben diese Verwandlung, die für den Verstand gewiss nicht erfreulich ist, erfreuet doch indirekt auf einen Augenblick sehr lebhaft.

Es gibt Menschen, denen weder Schmerz noch Vergnügen bis an ihr Gemüt reicht, da ihnen doch das Leben überhaupt gefällt. Man kann viele Dinge verlangen, und doch dabei zufrieden sein, wenn man sie auch nicht hat, weil man sie bloß als Mittel zur Vergrößerung der Zufriedenheit betrachtet. Wer sie als Bedürfnisse zur Zufriedenheit ansieht, der ist unglücklich und unzufrieden.

Der Schmerz ist eine wahre Hinderung des Lebens, und das Vergnügen eine wahre Vergrößerung des Gefühls des Lebens. Wenn der Schmerz eine Hinderung des Lebens des Gefühls, und das Vergnügen eine Vergrößerung des Gefühls des Lebens ist; so bin ich, wenn die Hinderung des Gefühls des Lebens weggeräumt ist, zufrieden.

Wir müssen unterscheiden den Hang zur Fröhlichkeit und Zufriedenheit, vom Hange zur Lustigkeit, und von der Neigung alle Vorfälle zum launigten Spaß zu kehren. Die ganze Zufriedenheit beruhet nicht auf den Vorfällen und Gegenständen, sondern auf die Art, wie der Mensch die Dinge aufnehmen, und von welcher Seite er sie ansehen will. Das große Kunststück dazu zu gelangen ist, dass man den Dingen in der Welt die Wichtigkeit nimmt, denn wird uns der Schmerz nur matt affizieren, denn ist uns alles gleichgültig, das eine affiziert uns so wenig als das andere. Kein Unglück kann einen solchen Menschen niederschlagen, er wird immer Ursach finden vergnügt zu sein. Wird er an einem Orte nicht gelitten, so gehet er an einen andern.

Glückliche Gemütsart, wenn der Mensch den Dingen, die ihm begegnen, die Wichtigkeit nimmt, er wird dadurch nicht fühllos, er fühlt den Schmerz und alles was ihm begegnet, allein der Schmerz wird sich niemals seiner bemächtigen. Ein Mensch zu sein ist wirklich eine unwichtige Sache, aber eins ist ihm wichtig: die Rechtschaffenheit, *dass er sein gegebenes Wort halte*. Wohl leben, einige Jahre länger leben, ist so was, was vorzüglich den Wahn und die Eitelkeit begünstigt, wir müssten nicht eine Wichtigkeit daraus machen, weil es andere tun. Die Betrachtung der Kürze des Lebens kann uns am besten zur Gemütsruhe und Zufriedenheit helfen.

Augustus frug bei seinem Ableben: meint ihr dass ich meine Rolle in der Welt gut gespielt habe? Ja, sagten die Zuschauer, nun so ziehet den Vorhang nieder und klatscht. Was hilft mir das am Ende des Lebens, dass ich so und so viel geschmauset habe. Der moralische Charakter des Menschen ist das einzige Wichtige an ihm. Diesen soll er unbefleckt erhalten, das macht seine wahre Zufriedenheit und sein Vergnügen aus, und macht ihn nicht unwürdig auf etwas Besseres in der Zukunft zu hoffen.

Lustigkeit scheint mehr als Zufriedenheit zu sein. Der Lustige und Vergnügte, sollte der nicht besser daran sein als der bloß Fröhliche? Wer mehr Mittel hat als hinreichend sind zur Glückseligkeit, ist der glücklicher, als der bloß soviel hat, als er bedarf? Ein Leben ohne alles Vergnügen scheint des Wunsches nicht wert zu sein. Wenn wir uns alles Vergnügen entbehrlich machen, aller Anhänglichkeit an dasselbe versagen; so empfinden wir zwar kein Vergnügen, aber sie tragen auch nichts zu unserer Glückseligkeit bei. Aus Gewohnheit allein macht man sich viele Dinge unentbehrlich. Ich kann zufrieden sein und der Vergnügungen entbehren, sie tragen zur Glückseligkeit wenig bei.

Das Glück des Menschen bestehet in der Abwesenheit des Schmerzes und Missvergnügens. Kommt wohl die Lustigkeit mit der Fröhlichkeit in einem Vergleich. Wenn in Frankreich über der Tafel Konzerte angestellt werden, und zuletzt alles zu singen anfängt und lustig ist, sind die vergnügter, als die sich mit fröhlichen Diskursen unterhalten? Lustigkeit ist erschöpfend, räuberisch und zerstörend. Man kann niemals bei einem lustigen Menschen lange recht vergnügt sein, es folgt auf die Erschöpfung der Kräfte immer eine Traurigkeit.

Frägt man nun: ob die Menschengattung [...] als eine gute oder schlimme Rasse anzusehen sei: so muss ich gestehen, dass nicht viel damit zu prahlen sei. Doch wird jemand, der das Benehmen der Menschen nicht bloß in der alten Geschichte, sondern in der Geschichte des Tages ins Auge nimmt, zwar oft versucht werden, misanthropisch den *Timon*, weit öfterer aber und treffender den *Momus* in seinem Urteile zu machen, und Torheit eher als Bosheit in dem Charakterzuge unserer Gattung hervorstechend finden. Weil aber Torheit, mit einem Lineamente von Bosheit verbunden (da sie alsdann Narrheit heißt), in der moralischen Physiognomik an unserer Gattung nicht zu verkennen ist: so ist allein schon aus der Verheimlichung eines guten Teils seiner Gedanken, die ein jeder kluge Mensch nötig findet, klar genug zu ersehen: dass in unserer Rasse jeder es geraten finde, auf seiner Hut zu sein und sich nicht *ganz* erblicken zu lassen, wie er ist; welches schon den Hang unserer Gattung, übel gegeneinander gesinnt zu sein, verrät.

Es könnte wohl sein, dass auf irgendeinem anderen Planeten vernünftige Wesen wären, die nicht anders als laut denken könnten, d. i. im Wachen wie im Träumen, sie möchten in Gesellschaft oder allein sein, keine Gedanken haben könnten, die sie nicht zugleich *ausspräch*en. Was würde das für ein von unserer Menschengattung verschiedenes Verhalten gegeneinander abgeben? Wenn sie nicht alle *engelrein* wären, so ist nicht abzusehen, wie sie nebeneinander auskommen, einer für den anderen nur einige Achtung haben und sich mit einander vertragen könnten. – Es gehört also schon zur ursprünglichen Zusammensetzung eines menschlichen Geschöpfs und zu seinem Gattungsbegriffe: zwar Anderer Gedanken zu erkunden, die seinigen aber zurückzuhalten; welche saubere Eigenschaft denn so allmählich von *Verstellung* zur vorsätzlichen *Täuschung*, bis endlich zur Lüge fortzuschreiten nicht ermangelt. Dieses würde dann eine Karikaturzeichnung unserer Gattung abgeben, die nicht bloß zum gutmütigen *Belachen* derselben, sondern zur *Verachtung* in dem, was ihren Charakter ausmacht, und zum Geständnisse, dass diese Rasse vernünftiger Weltwesen unter den übrigen (uns unbekannten) keine ehrenwerte Stelle verdiene, berechtigte – wenn nicht gerade eben dieses verwerfende Urteil eine moralische Anlage in uns, eine angeborene Aufforderung der Vernunft verriete, auch jenem Hange entgegenzuarbeiten.

Das Lächerlichste ist dieses, dass man den Schein so lange gegen andere macht bis man sich selbst einbildet, er sei Wahrheit [...].

Wer nicht arbeitet, verschmachtet vor Langerweile und ist allenfalls von Ergetzlichkeiten betäubt und erschöpft, niemals aber erquickt und befriedigt.

Es ist nichts beständig als die Unbeständigkeit.

Der Hochmut um der Religion willen ist der lächerlichste, denn die Vorstellung dass andere nicht selig werden soll mich vielmehr mitleidig und hülfleistend als hochmütig machen.

Durch einige Affekten wird die Gesundheit von der Natur mechanisch befördert. Dahin gehört vornehmlich das *Lachen* und das *Weinen*. Der *Zorn*, wenn man (doch ohne Widerstand zu besorgen) brav schelten darf, ist zwar auch ein ziemlich sicheres Mittel zur Verdauung, und manche Hausfrau hat keine andere innigliche Motion, als das Ausschelten der Kinder und des Gesindes, wie dann auch, wenn sich Kinder und Gesinde nur hiebei geduldig betragen, eine angenehme Müdigkeit die Lebenskraft durch die Maschine sich gleichförmig verbreitet; aber ohne Gefahr ist dieses Mittel doch auch nicht wegen des besorglichen Widerstandes jener Hausgenossen.

Das gutmütige (nicht hämische, mit Bitterkeit verbundene) *Lachen* ist dagegen beliebter und gedeihlicher: Die dabei stoßweise (gleichsam konvulsivisch) geschehende Ausatmung der Luft (von welcher das Niesen nur ein kleiner, doch auch belebender Effekt ist, wenn ihr Schall unverhalten ertönen darf) *stärkt* durch die heilsame Bewegung des Zwerchfells das Gefühl der Lebenskraft. Es mag nun ein gedungener Possenreißer (Harlekin) sein, der uns zu lachen macht, oder ein zur Gesellschaft der Freunde gehörender durchtriebener Schalk, der nichts Arges im Sinn zu haben scheint, »der es hinter den Ohren hat« und nicht mitlacht, sondern mit scheinbarer Einfalt eine gespannte Erwartung (wie eine gespannte Saite) plötzlich loslässt: so ist das Lachen immer Schwingung der Muskeln, die zur Verdauung gehören, welche dieses weit besser befördert, als es die Weisheit des Arztes tun würde.

Immanuel Kant

Gemälde von Gottlieb Doeppler, 1791

VII

## Genie oder Magister?

Ein Lehrer der Philosophie kann vollkommen sein wenn er gleich die Philosophie nur auswendig gelernt hat. Eigentlich kann keine Philosophie auswendig gelernt werden, weil erstlich ein Philosoph da sein muss der ein Urbild geliefert hat, das ohne Fehler und folglich zur Nachahmung geschickt ist. Die Mathematik kann man würklich lernen und dadurch ein vollkommener Mathematicus werden, weil ihre Regeln selbst methodisch sind. Historie und Geographie ist eine Sache der Nachahmung. Wenn ich eine Philosophie nachahme und das Muster nicht richtig ist, so ist meine ganze Philosophie auch nichts nutze. Jemandes Gedanken nachahmen heißt nicht philosophieren, sondern man muss selbst denken und zwar a priori.

Ein Vernunftkünstler ist derjenige der bloß spekuliert. Der Mathematicus ist ein wahrer Vernunftkünstler und zwar im höchsten Grad, ein rechter Tausendkünstler. Der Philosoph kann auch einen Künstler vorstellen, allein sein Werk ist nicht so dauerhaft als des Mathematikers. Wenn der Philosoph sein Gebäude recht künstlich aufgerichtet zu haben glaubt, so kommt ein anderer, der noch künstlicher ist, und wirft es um. Allein die Philosophie kann den hohen Grad, eine Gesetzgeberin der menschlichen Vernunft zu sein, erreichen. Als eine solche ist sie Lehre der Weisheit und hat den Rang über alle menschliche Erkenntnisse. Existiert sie aber auch schon nach dieser Idee? So wenig als ein wahrer Christ würklich existiert, ebenso wenig hat auch ein Philosoph in diesem Sinn ein Dasein. Sie sind beide Urbilder.

Der Philosoph sieht die Regeln der Weisheit ein, der Weise handelt aber darnach. Von dem kann ich nur sagen, dass er philosophiere, der sich bemüht die obersten Zwecke und die Bestimmungen seiner Vernunft festzusetzen; hat er aber diese erreicht, so ist er schon im Tempel der Weisheit.

Der Philosoph, als ein Führer der Vernunft, leitet den Menschen zu seiner Bestimmung. Seine Erkenntnisse gehen also auf die Bestimmung des Menschen. Als Künstler vermehrt er unsere Einsichten und Wissenschaft. (Die Wissenschaft ist eigentlich nicht unsere Bestimmung.) Der Philosoph ist als Führer der Vernunft ein Lehrer der Weisheit, und als Vernunft Künstler ein Lehrer der Wissenschaft. Der

Gebrauch der Vernunft in Ansehung der Zwecke ist ihre edelste Anwendung.

Dass Könige philosophieren, oder Philosophen Könige würden, ist nicht zu erwarten, aber auch nicht zu wünschen: weil der Besitz der Gewalt das freie Urteil der Vernunft unvermeidlich verdirbt. Dass aber Könige oder königliche (sich selbst nach Gleichheitsgesetzen beherrschende) Völker die Klasse der Philosophen nicht schwinden oder verstummen, sondern öffentlich sprechen lassen, ist beiden zu Beleuchtung ihres Geschäfts unentbehrlich und, weil diese Klasse ihrer Natur nach der Rottierung und Klubbenverbündung unfähig ist, wegen der Nachrede einer Propagande verdachtlos.

Wenn man einem die Möglichkeit des Irrtums entdeckt, so heilt man ihn auch davon. Wir gehen unzufrieden von einem Taschenspieler und zwar deswegen weil wir wissen dass wir hintergangen sind, nur nicht wissen wie.

Ehrlich, aber *dumm* [...], ist ein falscher und höchst tadelhafter Spruch. Er ist falsch: denn Ehrlichkeit (Pflichtbeobachtung aus Grundsätzen) ist praktische

Vernunft. Er ist höchst tadelhaft: weil er voraussetzt, dass ein jeder, wenn er sich nur dazu geschickt fühlte, betrügen würde, und, dass er nicht betrügt, bloß von seinem Unvermögen herrühre.

Es gibt auch eine gewisse Pünktlichkeit, indem man da Ordnung sucht, wo keine ist. Leute die große Ordnung zeigen sind selten große Köpfe, und ich will lieber ein Haus von vielen Meublen, ob sie gleich nicht in Ordnung sind haben, als ein Haus mit wenigen in Ordnung gebrauchten Meublen. Applicatio – Eine Ordnung muss überhaupt nicht mühsam sein; und da wo keine Pünktlichkeit im Anordnen herrscht sieht es gut aus; und eine gewisse Art von Nachlässigkeit scheint ein Genie zu verraten. Die Regeln von einer anständigen Nachlässigkeit sind schwer zu geben.

Shakespeare ist ein Kopf von der Art, die man Genies nennt; er hat seine theatralischen Stücke so abgefasst, dass sie allen Regeln Trotz bieten. Er hat weder die Einheit des Orts, noch der Personen beobachtet, nicht aus Unwissenheit, sondern weil seine Einbildungskraft einen weiten Spielraum haben musste, und sich nicht einkerkern ließ. Ob es aber rühmlich, ihn nachzuahmen, oder ob dies ein Fehler sei, ist eine andere Frage; denn man kann nicht behaupten, dass die Regellosigkeit hier eine gute Seite des Genies sei, nein, es war ein Fehler; aber die Fruchtbarkeit des Genies ersetzt ihn wieder.

Dem Genie ist nichts mehr zuwider, als ein Mechanismus in der Erziehung. Dieser findet sich vorzüglich bei den Teutschen; denn bei keinem Volk in Europa ist weniger Originalität als bei ihm, indem schon der Schlag der Nation dazu geneigt ist, nachzuahmen. Die Engländer werden gar nicht nach solchem Zwange erzogen, und da sie weniger eingekerkert sind, so wachsen sie auch als freier auf.

Die orientalischen Völker können in einem Gefechte nicht gewinnen, weil dieses gegliedert *geführt* wird; denn wenn der Mensch die völlige Abgemessenheit der *Maschine* hat, so ist er unwiderstehlich. Wenn Leute im Corps handeln, so kann ihnen nichts widerstehen, und sie werfen die einzelnen Mächte leicht über den Haufen. Im Zivilstande aber taugt der Mechanismus nichts. Auch selbst im Militär hat er einigen Nachteil; denn wenn er da gar zu hoch steigt, so gehen die wirklichen Genies aus dem Dienste.

Wer durch eine moralische Empfindung als durch einen Grundsatz mehr erhitzt wird, als es andere nach ihrem matten und öfters unedlen Gefühl sich vorstellen können, ist in ihrer Vorstellung ein Phantast. Ich stelle den *Aristides* unter Wucherer, den *Epiktet* unter Hofleute und den *Johann Jacob Rousseau* unter die Doktoren der Sorbonne. Mich deucht, ich höre ein lautes Hohngelächter, und hundert Stimmen rufen: *Welche Phantasten!* Dieser zweideutige Anschein von Phantasterei in an sich guten, moralischen Empfindungen ist der *Enthusiasmus*, und es ist niemals ohne denselben in der Welt etwas Großes ausgerichtet worden.

*Arglist*, der Kopf zur Intrige, wird oft für großen, obwohl missbrauchten Verstand gehalten; aber er ist gerade nur die Denkungsart sehr eingeschränkter Menschen und von der Klugheit, deren Schein sie an sich hat, sehr unterschieden. Man kann nur einmal den Treuherzigen hintergehen, was dann der eigenen Absicht des Listigen in der Folge sehr nachteilig wird.

Es ist wahr und klug, dass ich dem, der mich einmal betrogen hat, niemals mehr traue; denn er ist in seinen Grundsätzen verdorben. Aber darum, weil mich *einer* betrogen hat, keinem *anderen* Menschen zu trauen, ist Misanthropie.

Sich selbst bessern geht wohl an und ist auch Pflicht; an dem aber, was schon außer meiner Gewalt ist, noch bessern zu wollen, ist ungereimt.

Von den eigentlichen Sinnbilder, oder Symbolis

Die Menschen sind so sehr für dieselben eingenommen, dass Kinder nur durch Bilder frühzeitig zur Erkenntnis gelangen können. Das Genie der orientalischen Nationen ist bilderreich, ihre Philosophie bestehet in der Wahl guter Bilder, daher rühren die *Hieroglyphen* der Egypter. Bilder sind Zeichen der Unwissenheit der Nation, denn da sie die Sachen nicht ganz genau durch gedacht, müssen sie sich der Bilder bedienen. Die Erhabenheit der orientalischen Schreibart kommt von den Bildern her; der Verstand würde schwach erkennen, wenn nicht die Vorstellungen mit Symbolis begleitet wären. Die Bilder haben eine große Macht, weil sie die Sachen selbst vorstellen. So stellen Titel, Ämter, Verdienste, Reichtümer pp. den Mann vor, der sie besitzt. Die Kleider, die Orden sind alles Symbola, selbst die Religion ist voller Symbolis, die aber nicht selbst das Geistige, sondern nur die Bilder davon sind.

Wenn man z. B. einem Grönländer einen Begriff von der Menge Leute in Dänemark machen will; so mag man ihm immer 100 000 vorsagen, man wird ihm nicht den Begriff von der Größe machen können und in ihm Erstaunen setzen. Man sage ihm aber z. B. dass in Dannemark so viele Leute sind dass sie zum Frühstück allein mehr als einen Walfisch verzehren könnten; so wird er sich gewiss entsetzen.

Derjenige der seine Begierden zu befriedigen weiß ist klug, der sie zu beherrschen weiß ist weise.

Das Zeitalter der Gelangung des Menschen zum vollständigen Gebrauch seiner Vernunft kann in Ansehung seiner *Geschicklichkeit* [...] etwa ins zwanzigste, das in Ansehung der *Klugheit* (andere Menschen zu seinen Absichten zu brauchen) ins vierzigste, endlich das der *Weisheit* etwa im sechzigsten anberaumt werden; in welcher letzteren Epoche aber sie mehr *negativ* ist, alle Torheiten der beiden ersteren einzusehen; wo man sagen kann: »Es ist schade, alsdann sterben zu müssen, wenn man nun allererst gelernt hat, wie man recht gut hätte leben sollen« und wo selbst dieses Urteil noch selten ist; indem die Anhänglichkeit am Leben desto stärker wird, je weniger es sowohl im Tun als Genießen Wert hat.

Junger Mann! versage dir die Befriedigung (der Lustbarkeit, der Schwelgerei, der Liebe und dgl.), wenn auch nicht in der stoischen Absicht, ihrer gar entbehren zu wollen, sondern in der feinen epikurischen, um einen immer noch wachsenden Genuss im Prospekt zu haben. Dieses Kargen mit der Barschaft deines Lebensgefühls macht dich durch den *Aufschub* des Genusses wirklich reicher, wenn du auch dem Gebrauch derselben am Ende des Lebens großenteils entsagt haben solltest. Das Bewusstsein, den Genuss in deiner Gewalt zu haben, ist wie alles Idealische fruchtbarer und weiter umfassend als alles, was den Sinn dadurch befriedigt, dass es hiemit zugleich verzehrt wird und so von der Masse des Ganzen abgeht.

Alle Ermahnungen sind langweilig, aber die Empfehlungen sind unterhaltend; bei jenen will man dartun, dass die Tugenden beifallswürdig sind, und daran hat niemand gezweifelt; bei diesen: dass das tugendhafte Verhalten auch Vorzüge habe, und zwar mehr als das Laster, und das lockt an.

Mit Gewalt ist wider die Sinnlichkeit in den Neigungen nichts ausgerichtet; man muss sie überlisten und, wie Swift sagt, dem Walfisch eine Tonne zum Spiel hingeben, um das Schiff zu retten.

Phantastisch-tugendhaft aber kann doch der genannt werden, der keine in Ansehung der Moralität *gleichgültige Dinge* [...] einräumt und sich alle seine Schritte und Tritte mit Pflichten als mit Fußangeln bestreut und es nicht gleichgültig findet, ob ich mich mit Fleisch oder Fisch, mit Bier oder Wein, wenn mir beides bekommt, nähre; eine Mikrologie, welche, wenn man sie in die Lehre der Tugend aufnähme, die Herrschaft derselben zur Tyrannei machen würde.

Unter den Schaden, welche die Sündflut von Büchern anrichtet, womit unser Weltteil jährlich überschwemmt wird, ist einer nicht der geringsten, dass die wirklich nützlichen, die hin und wieder auf dem weiten Ozean der Büchergelehrsamkeit schwimmen, übersehen werden und das Schicksal der Hinfalligkeit mit dem übrigen Spreu teilen müssen.

Der Trieb zur Wissenschaft, als einer die Menschheit veredelnden Kultur, hat im Ganzen der Gattung keine Proportion zur Lebensdauer. Der Gelehrte, wenn er bis dahin in der Kultur vorgedrungen ist, um das Feld derselben selbst zu erweitern, wird durch den Tod abgerufen, und seine Stelle nimmt der ABC-Schüler ein, der kurz vor seinem

Lebensende, nachdem er ebenso einen Schritt weiter getan hat, wiederum seinen Platz einem anderen überlässt. – Welche Masse von Kenntnissen, welche Erfindung neuer Methoden würde nun schon vorrätig daliegen, wenn ein Archimed, ein Newton oder Lavoisier mit seinem Fleiß und Talent ohne Verminderung der Lebenskraft von der Natur mit einem Jahrhunderte durch fortdauernden Alter wäre begünstigt worden? Nun aber ist das Fortschreiten der Gattung in Wissenschaften immer nur fragmentarisch (der Zeit nach) und gewährt keine Sicherheit wegen des Rückganges, womit es durch dazwischentretende staatsumwälzende Barbarei immer bedroht wird.

Wissenschaften und Künste könnten durch einen Kopf, der für sie gemacht ist, wenn er einmal zur rechten Reife des Urteils durch lange Übung und erworbene Erkenntnis gelangt ist, viel weiter gebracht werden, als ganze Generationen von Gelehrten nacheinander es leisten mögen, wenn jener nur mit der nämlichen jugendlichen Kraft des Geistes die Zeit, die diesen Generationen zusammen verliehen ist, durchlebte. Nun hat die Natur ihre Entschließung wegen der Lebensdauer des Menschen offenbar aus einem anderen Gesichtspunkte, als dem der Beförderung der Wissenschaften genommen. Denn wenn der glücklichste Kopf am Rande der größten Entdeckungen steht, die er von seiner Geschicklichkeit und Erfahrenheit hoffen darf, so tritt das Alter ein; er wird stumpf und muss es einer zweiten Generation (die wieder vom ABC anfängt und die ganze Strecke, die schon zurückgelegt war, nochmals durchwandern muss) überlassen, noch eine Spanne im Fortschritte der Kultur hinzuzutun. Der Gang der Menschengattung zur Erreichung ihrer ganzen Bestimmung scheint daher unaufhörlich unterbrochen und in kontinuierlicher Gefahr zu sein, in die alte Rohigkeit zurückzufallen; und der griechische Philosoph klagte nicht ganz ohne Grund: *Es ist schade, dass man alsdann sterben muss, wenn man eben angefangen hat einzusehen, wie man eigentlich hätte leben sollen.*

Alle Menschen haben Vorurteile, nur von verschiedener Art. Der allein ist davon frei, dem es leicht wird, die Sache aus einem ganz andern Gesichtspunkt zu betrachten.

Gelehrte haben mehr Irrtümer als gemeine Leute, diese aber mehr Vorurteile als die ersteren. Haben Vorurteile einen Nutzen? Diese Frage scheint schon an sich selbst sonderbar zu sein. Nützlich an sich selbst und nützlich als ein Mittel ist sehr verschieden. Ein einfältiger Soldat, eine rechte Maschine, ist dem Offizier sehr nützlich. Die Dummheit eines Menschen ist dem, der ihn zum besten haben will, sehr nützlich. Und Könige verlangen oft stupide Menschen.

Was mit Genie geschrieben ist, ist unserer Aufmerksamkeit viel werter, als das nachgeahmte. Es mag ein Mann von Genie noch so paradox und falsch schreiben, so lernet man doch immer etwas von ihm. – Was mit Genie geschrieben ist, dem muss man nachdenken.

Unsere Unterhaltungen sollen uns auch zugleich bilden, obgleich nicht unterrichten. Sind Romanen gut dazu? Nein, besonders die das Herz welk machen. Sie erwecken alle insgesamt Leidenschaften. Die mit Laune geschriebene sind gut, und Reisebeschreibungen am besten zur Unterhaltung und Bildung. – Es ist schädlich wenn man liest zur Unterhaltung vor die Augenblicke in denen man liest. Denn es wird zur Gewohnheit, dass man nie suchen wird zu behalten was man liest. Man muss bei jedem Lesen geizen, und soviel möglich zu behalten suchen, wenn es auch nur ein lustiger Einfall etc. wäre, das kann uns auch nutzen, und eine Gesellschaft aufgeräumt machen. Behält man aber nur Historchens aus den Romanen, so ist das von gar keinem Nutzen, denn ein jeder kann ein Gleiches erdenken und träumen. Allein Romanen wo man Sentiments findet, und Komedien von Shakespeares Art, wo der Verfasser verborgene Winkel im Menschen entdeckt, Charaktere schildert etc., sind nützlich.

Man muss das Charakteristische eines Buches kennenlernen, d. h. nicht den bloßen Inhalt, sondern das Eigentümliche, was es vor andern Büchern besonders hat.

Wenn die Literatur oder viel Bücher zu kennen unsere Absicht ist, so muss man viel lesen. Allein um vielen Nutzen vom Lesen zu haben, muss man wenig und gut lesen. Wer viel liest behalt wenig. Die große Menger Bücher die alle Messe herauskommt ist ein großer Verderb. Der Geschmack viel und obenhin zu lesen wird allgemein. Manches Buch welches viel Revolution anrichten könnte wird nicht verstanden oder nicht gelesen.

Selbst denken ist gut, aber selbst lernen nicht. Ein mündlicher Vortrag, wenn er auch nicht ganz ausgearbeitet ist, hat sehr viel Instruierendes. Man hört nicht etwas vollkommen Ausgearbeitetes und Ausgedachtes, sondern man sieht die natürliche Art wie man denkt, und das ist viel nützlicher. Wenn ich einen höre, so bemerke ich eher etwas, entweder Falsches oder Wahres. Beim Hören denkt man auch immer mehr als beim Lesen. Beim mündlichen Vortrag hat man mehr Anschauung. Das Lesen ist auch nicht so natürlich als das Hören.

Man bedient sich gewöhnlich, um die Kinder gehen zu lehren, des *Leitbandes* und *Gängelwagens*. Es ist doch auffallend, dass man die Kinder das Gehen lehren will, als wenn irgendein Mensch aus Mangel des Unterrichtes nicht hätte gehen können. Die Leitbänder sind besonders sehr schädlich.

So ist es z. E. sehr sonderbar, wenn Eltern verlangen, dass die Kinder, nachdem sie sie mit der Rute geschlagen haben, ihnen die Hände küssen sollen. Man gewöhnt sie dadurch zur Verstellung und Falschheit. Denn die Rute ist doch eben nicht so ein schönes Geschenk, für das man sich noch bedanken darf, und man kann leicht denken, mit welchem Herzen das Kind dann die Hand küsst.

Lasst uns also unser Leben wie ein Kinderspiel ansehen, in welchem nichts ernsthaft ist als Redlichkeit [...].

In Disputen ist die ruhige Stellung des Gemüts mit Gütigkeit und Nachsicht gegen den Streitenden verbunden, ein Zeichen dass man im Besitz der Macht sei [...].

Eine bittere und hochmütige Gemütsart verursacht, dass man in einer strittigen Frage alles falsch nimmt, spöttisch urteilt und offenbar einen Narren vorstellt. Es gehört ein gut Herz dazu, um die Wahrheit zu finden, vornehmlich bei dem Widerstreit der Eitelkeit der Menschen untereinander.

Dem Egoism kann nur der *Pluralism* entgegengesetzt werden, d. i. die Denkungsart: sich nicht als die ganze Welt in seinem Selbst befassend, sondern als einen bloßen Weltbürger zu betrachten und zu verhalten.

*Toby* sagt im *Tristam Shandy* zu einer Fliege, die ihn lange beunruhigt hatte, indem er sie zum Fenster hinauslässt: »Gehe, du böses Tier, die Welt ist groß genug für mich und dich!« Und dies könnte jeder zu seinem Wahlspruche machen. Wir dürfen uns nicht einander lästig werden; die Welt ist groß genug für uns alle.

Der Mensch mag künsteln soviel er will, so kann er die Natur nicht nötigen andre Gesetze einzuschlagen. Er muss entweder selbst arbeiten oder andre vor ihn, und diese Arbeit wird andern so viel von ihrer Glückseligkeit rauben, als er seine eigene über das Mittelmaß steigern will.

Wenn die einen genießen wollen ohne zu arbeiten, so werden andere arbeiten wollen ohne zu genießen.

Die Departements der Künste und Wissenschaften werden jetzt nur durch den Zufall besetzt, und da die Wahl nicht aus Neigung geschieht, sondern oft aus Zwang und noch öfterer aus Wahn, so kommt's auch, dass kein Mensch in seine rechte Stelle gerät. Es würde gewiss ein lustiger Plan werden, wenn man jeden Menschen in seine rechte Stelle setzen wollte. Manch schlechter Jurist würde alsdenn ein guter Holzhacker werden.

»Denn wenn Gott zum Menschen wirklich spräche, so kann dieser doch niemals wissen, dass es Gott sei, der zu ihm spricht.«

Der den Schulunterweisungen entlassene Jüngling war gewohnt zu *lernen*. Nunmehr denkt er, er werde *Philosophie lernen*, welches aber unmöglich ist, denn er soll jetzt *philosophieren lernen*.

## VIII

## Der Mensch: ein Gaukler von Natur?

Aus so krummem Holze, als woraus der Mensch gemacht ist, kann nichts ganz Gerades gezimmert werden.

Denn dass der Mensch etwas haben und sich zum Zweck machen könne, was er noch höher schätzt als sein Leben (die Ehre), wobei er allem Eigennutze entsagt, beweist doch eine gewisse Erhabenheit in seiner Anlage.

Wenn man das Leben der meisten Menschen ansieht: so scheint diese Kreatur geschaffen zu sein, um wie eine Pflanze Saft in sich zu ziehen und zu wachsen, sein Geschlecht fortzusetzen, endlich alt zu werden und zu sterben. Er erreicht unter allen Geschöpfen am wenigsten den Zweck seines Daseins, weil er seine vorzügliche Fähigkeiten zu solchen Absichten verbraucht, die die übrigen Kreaturen mit weit minderen und doch weit sicherer und anständiger erreichen.

Ein jeder Mensch macht sich einen eigenen Plan seiner Bestimmung auf dieser Welt. Geschicklichkeiten, die er erwerben will, Ehre und Gemächlichkeit, die er sich davon aufs Künftige verspricht, dauerhafte Glückseligkeiten im ehelichen Leben und eine lange Reihe von Vergnügen oder von Unternehmungen machen die Bilder der Zauberlaterne aus, die er sich sinnreich zeichnet und lebhaft nacheinander in seinen Einbildungen spielen lässt; der Tod, der dieses Schattenspiel schließt, zeigt sich nur in dunkeler Ferne und wird durch das Licht, das über die angenehmere Stellen verbreitet ist, verdunkelt und unkenntlich gemacht. Während dieser Träumereien führt uns unser wahres Schicksal ganz andere Wege. Das Los, das uns wirklich zuteil wird, sieht demjenigen selten ähnlich, was wir uns versprachen, wir finden uns bei jedem Schritte, den wir tun, in unseren Erwartungen getäuscht; indessen verfolgt gleichwohl die Einbildung ihr Geschäfte und ermüdet nicht neue Entwürfe zu zeichnen, bis der Tod, der noch immer fern zu sein scheint, plötzlich dem ganzen Spiele ein Ende macht.

Da glaubt sich nun mancher durch eine Predigt erbaut, in dem doch nichts aufgebauet (kein System guter Maximen) ist; oder durch ein Trauerspiel gebessert, der bloß über glücklich vertriebne Langeweile froh ist.

Schwache Menschen, ihr gebt vor, es sei euch bloß um Wahrheit und Ausbreitung der Erkenntnis zu tun, in der Tat aber beschäftigt euch bloß eure Eitelkeit!

*Ehrsucht* ist die Schwäche der Menschen, wegen der man auf sie durch ihre *Meinung*, Herrschsucht durch ihre *Furcht* und Habsucht durch ihr eigenes *Interesse* Einfluss haben kann. [… Ehrsucht] ist nicht *Ehrliebe*, eine Hochschätzung die der Mensch von anderen wegen seines inneren (moralischen) Werts erwarten darf, sondern Bestreben nach *Ehrenruf*, wo es am Schein genug ist.

Die Bewegungen der Materie halten doch eine gewisse bestimmte Regel, aber des Menschen Eigensinn ist regellos.

Falschheit, Undankbarkeit, Ungerechtigkeit, das Kindische in den von uns selbst für wichtig und groß gehaltenen Zwecken, in deren Verfolgung sich Menschen selbst untereinander alle erdenkliche Übel antun, stehen mit der Idee dessen, was sie sein könnten, wenn sie wollten, so im Widerspruch und sind dem lebhaften Wunsche, sie besser zu sehen, so sehr entgegen: dass, um sie nicht zu hassen, da man sie nicht lieben kann, die Verzichttuung auf alle gesellschaftliche Freuden nur ein kleines Opfer zu sein scheint.

Da die Ränke und falsche Kunstgriffe in der bürgerlichen Gesellschaft allmählich zu gewöhnlichen Maximen werden und das Spiel der menschlichen Handlungen sehr verwickeln, so ist es kein Wunder, wenn ein sonst verständiger und redlicher Mann, dem entweder alle diese Schlauigkeit zu verächtlich ist, als dass er sich damit beschäftige, oder der sein ehrliches und wohlwollendes Herz nicht dazu bewegen kann, sich von der menschlichen Natur einen so verhassten Begriff zu machen, unter Betrügern allerwärts in Schlingen geraten und ihnen viel zu lachen geben müsse, so dass zuletzt der Ausdruck: ein guter Mann, nicht mehr auf eine verblümte Art, sondern so geradezu einen Einfaltspinsel [...] bedeute; denn in der Schelmensprache ist niemand ein verständiger Mann, als der alle andere für nichts Bessers hält, als was er selbst ist, nämlich für Betrüger.

Kein Mensch ist der nicht das schwere Joch der Meinung fühle, und keiner schafft es ab.

Aufgeblasenheit und filzige Habsucht sind niemals zu heilen.

»Was die Welt sagt, ist *wahr*, und was sie tut, *gut*« ist ein weiblicher Grundsatz, der sich schwer mit einem *Charakter* in der engen Bedeutung des Worts vereinigen lässt. Es gab aber doch wackere Weiber, die in Beziehung auf ihr Hauswesen einen dieser ihrer Bestimmung angemessenen Charakter mit Ruhm behaupteten. – Dem Milton wurde von seiner Frau zugeredet, er solle doch die ihm nach Cromwells Tode angetragene Stelle eines lateinischen Sekretärs annehmen, ob es zwar seinen Grundsätzen zuwider war, jetzt eine Regierung für rechtlich zu erklären, die er vorher als widerrechtlich vorgestellt hatte. »Ach«, antwortete er ihr, »meine Liebe, Sie und andere Ihres Geschlechts wollen in Kutschen fahren, ich aber – muss ein ehrlicher Mann sein.«

Ein stumpfer Kopf und verderbtes Herz.

Redet er schon immer von Tugend, so ist er verdorben, redet er bestandig von Religion, so ist er's im außersten Grade.

Hochmütige, Eigenliebige und eben darum verstellte Leute werfen gern mit Sittensprüchen und langweiligen moralischen Gemeinörtern um sich. Dies ist ein sicherer Beweis einer Neigung, über alles sich ein kritisches und richtendes Ansehen zu geben, obgleich das Herz selbst schlecht ist.

Wie steht es aber mit der *Zufriedenheit* [...] während dem Leben? – Sie ist dem Menschen unerreichbar: weder in moralischer (mit sich selbst im Wohlverhalten zufrieden zu sein) noch in pragmatischer Hinsicht (mit seinem Wohlbefinden, was er sich durch Geschicklichkeit und Klugheit zu verschaffen denkt).

Was das Leben für uns für einen Wert habe, wenn dieser bloß nach dem geschätzt wird, *was man genießt* (dem natürlichen Zweck der Summe aller Neigungen, der Glückseligkeit), ist leicht zu entscheiden. Er sinkt unter Null; denn wer wollte wohl das Leben unter denselben Bedingungen, oder auch nach einem neuen, selbstentworfenen (doch dem Naturlaufe gemäßen) Plane, der aber auch bloß auf Genuss gestellt wäre, aufs neue antreten? [...] Es bleibt also wohl nichts übrig als der Wert, den wir unserem Leben selbst geben durch das, was wir nicht allein tun [...].

Ich habe wegen meiner flachen und engen Brust, die für die Bewegung des Herzens und der Lunge wenig Spielraum lässt, eine natürliche Anlage zur Hypochondrie, welche in früheren Jahren bis an dem Überdruss des Lebens grenzte. Aber die Überlegung, dass die Ursache dieser Herzbeklemmung vielleicht bloß mechanisch und nicht zu heben sei, brachte es bald dahin, dass ich mich an sie gar nicht kehrte, und währenddessen, dass ich mich in der Brust beklommen fühlte, im Kopf doch Ruhe und Heiterkeit herrschte, die sich auch in der Gesellschaft nicht nach abwechselnden Launen (wie Hypochondrische pflegen), sondern absichtlich und natürlich mitzuteilen nicht ermangelte. Und da man des Lebens mehr froh wird durch das, was man im freien Gebrauch desselben *tut*, als was man *genießt*, so können Geistesarbeiten eine andere Art von befördertem Lebensgefühl den Hemmungen entgegensetzen, welche bloß den Körper angehen. Die Beklemmung ist mir geblieben; denn ihre Ursache liegt in meinem körperlichen Bau. Aber über ihren Einfluss auf meine Gedanken und Handlungen bin ich Meister geworden durch Abkehrung der Aufmerksamkeit von diesem Gefühle, als ob es mich gar nicht anginge.

Es ist mit der Moral wie mit der Arzneikunst. Derjenige Arzt ist der beste, der mich lehrt wie ich der

Krankheiten und Arzneimittel überhoben sein kann. Diese Kunst ist leicht und einfaltig. Die aber alles Verderben zuzulassen und hernach zu heben ist künstlich und verwickelt.

Ich räume nun zwar gerne ein, dass das Interesse am *Schönen der Kunst* [...] gar keinen Beweis einer dem Moralisch-Guten anhänglichen oder auch nur dazu geneigten Denkungsart abgebe. Dagegen aber behaupte ich, dass ein *unmittelbares Interesse* an der Schönheit der *Natur* zu nehmen (nicht bloß Geschmack haben, um sie zu beurteilen) jederzeit ein Kennzeichen einer guten Seele sei; und dass, wenn dieses Interesse habituell ist, es wenigstens eine dem moralischen Gefühl günstige Gemütsstimmung anzeige [...].

Man verliebt sich nur in den Schein, man liebt aber die Wahrheit.

Der Mensch wird durch die Verachtung mehr gerührt, als durch Verabscheuung oder Hass. Verachtung ist für die Menschen am allerunerträglichsten. Wenn ein Mensch gehasset wird, so kann er es doch noch *ertragen*, weil sich doch noch andere seinetwegen inkommodieren und sich ärgern, wird er aber verachtet; so inkommodiert sich kein Mensch seinetwegen, er ist ihm ganz gleichgültig, und er frägt gar nichts nach ihm.

Man muss die Sachen in ihrer Natur sehen, viele fromme Leute werden Menschenfeinde, weil sie dieser Regel nicht folgen, und andere tun sich auf die Stärke ihrer Tugend nicht wenig zu gut, allein sie haben nie den Vorfall gehabt, sie zu probieren. Manches Frauenzimmer kann sich mit ihrer Keuschheit und übrigen Tugenden bis an ihr Grab sehr viel einbilden, weil sie nie das Glück gehabt, darum angesprochen zu werden.

Wir sind alle wie Zwerge anzusehen. Ich habe keine eigentliche Hochachtung für einen Menschen, sondern ich *halte ihn nur für* wert, und verlange ebendasselbe von ihm, denn keiner ist groß, wenn er gut ist. Was ist ein Mensch? Was er ist hätte *ich* doch sein können und sollen. Der gemachte Charakter der Tugenden bringt uns zur Nacheiferung, wir müssen nicht dem Guten sondern der Größe eines Menschen widerstreiten. Die Moralität kann uns keine Größe vom Menschen zeigen, denn der Mensch, der groß genannt wird, muss so sein. Den Ausdruck ›*guten*

Charakter‹ kann man brauchen, aber nicht Größe. Es sind Talente, die man für Größe halt. Z.B. ein großer Körper, große Kräfte, Geschicklichkeit, Stärke des Verstandes und der Vernunft, doch das macht nicht das Wesentliche des Menschen aus.

Eine gewisse ruhige Selbstzuversicht mit den Merkmalen der Achtung und Sittsamkeit verbunden erwirbt sich Zutrauen und Gewogenheit, dagegen eine Dreustigkeit, die andere wenig zu achten scheint, Hass und Widerwillen hervorbringt.

Die Türken sagen, um die Menschen zur Mäßigkeit zu ermuntern: Es sei jedem Menschen eine Portion Essen zugewogen, wenn er die verzehrt hat; so muss er sterben. Isst er viel auf einmal so gehet die Portion bald auf, und denn muss er auch bald sterben. So könnte man von allen Vergnügungen des Lebens sagen, die Aussichten machen viel bei uns, ein trauriges Ende könnte dem Menschen eine ganze Reihe von Jahren hindurch ängstigen. Es ist doch aber recht wunderbar, dass der Tod den Menschen nicht fürchterlich vorkommt, wir glauben, dass er immer gleichweit von uns entfernt sei. So wie eine Allee am Ende spitz zuzugehen scheint, und wenn man dahinkommt, ebenso weit ist; so kann der Mensch, wenn er so lange gelebt, sein Leben in der Idee noch so lange verlängern, als er will. Wenn der Mensch die gegenwärtige Zeit als einen Zusammenhang des vorigen und zukünftigen Zustandes ansieht, so wird sie ihm lang. Siehet er sie aber als einen Teil seines Wohlbefindens an; so ist sie kurz. Shakespeare sagt: mit einem galoppiert die Zeit, mit einem andern trabt sie, und mit einem andern kriecht sie wie eine Laus. Dem Menschen der ein Amt hofft, wird die gegenwärtige Zeit zur Last, sie dient ihm nur zum Verbinden der beiden Zustände. Die Menschen betrachten die meiste Zeit als einen Übergang von einem Zustand zum andern, den sie sich als *wichtig* vorstellen. Die Prävision ist durch die Vernunft zu moderieren, die Menschen sind vieler unwillkürlichen Prävision unterworfen. Z.B. bei der Furchtsamkeit, bei hypochondrischen Grillen. So träumen viele ihr ganzes Leben hindurch, lauter Prävisionen. Sie kann aber auch unser Leben angenehm und erträglich machen, wenn wir uns angenehme Prospekte entwerfen.

Die natürliche Art der Prophezeihung ist durch die Träume. Wenn die Ursachen von Künftigen in meinem eigenen gegenwärtigen Zustand oder gar in meinem Körper liegen. Z.B. von einer zukünftigen Unpässlichkeit, Tod pp. so kann ich im Schlaf durch dunkle Empfindungen zu solchen Träumen gereizt werden, die ihre Bedeutung haben. So glaubt man es bedeutet Zank, wenn Männer sich mit Hunde zerren, Frauens Stecknadel verlieren. Man siehet hieraus deutlich, dass schon im Schlaf die Galle sich mit dem Blut vermischt, und man kann als denn sehr leicht Händel bekommen; denn man ist schon im Schlaf dazu präpariert. Die Ursache des Traums muss also in uns liegen. Sind die Ursachen der Träume ganz unabhängig von uns, so bedeuten sie auch nichts, und die Seele kann nichts davon wissen.

Die Ammen machen dass die Kinder viele Dinge in die Hände zu nehmen sich fürchten. Wenn sie beim Anblick einer Raupe eine fürchterliche Miene machen, so werden die Kinder die Raupen gewiss zufrieden lassen. Viele die die Laster tadlen, haben nicht immer einen innern Abscheu dafür, sondern weil sie andere mit Verachtung davon haben sprechen gehört; so reden sie ihnen in diesem Tone nach, und haben einen sympathetischen Abscheu durch die Mienen und Worte eines andern erlangt, aber sie haben keinen innern Abscheu dafür.

*Verstand kommt nicht vor Jahren.* Ja er verspätet sich wohl gar und kommt auch zuweilen kaum mit dem 40. Jahr. Man sollte es glauben, dass eine solche Palingenesis mit einem vorgehet. Die wichtigsten Beweise, die mir oft in meinen jüngern Jahren *unwidersprechend* schienen, sind mir nachgehends bei reiferm Alter und Verstande von gar keiner Bedeutung. Der Verstand wird genannt der richtige, der gesunde, durchdringende, ausgebreitete und tiefe. Der richtige Verstand ist derjenige, der nicht durch den Witz, der Gaukler der Seele, verdorben und irre gemacht ist, er bestehet darin, dass man nichts zulässt, was nicht mit der abgemessenen Wahrheit genau passt.

Pyrrhus, ein König in Makedonien, ein Nachfolger des großen Alexanders, hatte den Kopf voll Taten – er wollte nach Italien gehen, und sagte zu seinem Hauptmann Cineas: er wolle die Römer schlagen. Dieser frug ihn: was er denn tun wollte, wenn er die Römer würde geschlagen haben? Er wollte nach Sizilien, und wenn dieses geschehen, nach Kleinasien marschieren, die kleine Völker zu demütigen, und denn nach Syrien pp. Als er endlich aufhörte, frug ihn Cineas: was er denn nach allen Eroberungen tun würde. Denn wollen wir in Ruhe ein Glas Wein trinken. Ei, antwortete Cineas, denn wollen wir jetzt lieber anfangen zu trinken, wer weiß wie viel Ungemächlichkeiten noch auf uns warten. *Hier ist's klar, dass die Menschen, die in Leidenschaften sind, niemals aufs Ganze und den Zusammenhang sehen.*

Der Mann hat den dirigierenden Verstand, der von dem erfinderischen, witzigen Verstande der Frauen, der die Plane des Mannes exequieren soll, so sehr unterschieden ist, dass der Mann gegen die Frau wie ein Klotz sein kann, daher die Frauens oft nicht begreifen können, warum sich die Männer die Herrschaft anmaßen; sie glauben selbst herrschen zu können, und wissen nicht dass ihnen der dirigierende Verstand fehlt. – Solcher technische Frauenzimmerverstand ist den Leidenschaften zinsbar, er wird durch sie verdunkelt, und muss ihnen wie ein Sklave folgen. Wunderbar ist's, wenn eine Frau die Herrschaft gehabt, der Mann ihr gefolgt ist, und es gehet durch ihre Schuld unglücklich; so weint sie und sagt, der Mann hätte klüger sein sollen. Sie gestehen dadurch den Mangel des dirigierenden Verstandes. Der Mann mag wohl so dumm sein, wenn er nur nicht gestört ist, so ists doch besser, dass er das Regiment führt. Es können aber doch Fälle sein, wo die Frau mehr Verstand hat, als der Mann, aber solche Frauenzimmer, die einen männlichen Verstand haben (Viragines), sind auch nicht umgänglich.

IX

## Die geschäftige Torheit der Gattung

Geschäftige Torheit ist der Charakter unserer Gattung: in die Bahn des Guten schnell einzutreten, aber darauf nicht zu beharren, sondern, um ja nicht an einen einzigen Zweck gebunden zu sein, wenn es auch nur der Abwechselung wegen geschähe, den Plan des Fortschritts umzukehren, zu bauen, um niederreißen zu können, und sich selbst die hoffnungslose Bemühung aufzulegen, den Stein des Sisyphus *bergan* zu wälzen, um ihn wieder zurückrollen zu lassen.

Alles geht in einem Flusse vor uns vorbei und der wandelbare Geschmack und die verschiedenen Gestalten des Menschen machen das ganze Spiel ungewiss und trüglich. Wo finde ich feste Punkte der Natur die der Mensch niemals verrücken kann und ihm die Merkzeichen geben können an welches Ufer er sich zu halten hat?

Was der feinere Teil der Menschen Leben nennt ist ein wunderliches Gewebe von tändelhaften Zertreuungen, langweiligen Zeitkürzungen, noch mehreren Plagen – – der Eitelkeit und einen ganzen Schwarm

Königsberg

Im Hintergrund das Haus, in dem Kant um 1770 Vorlesungen hielt

Lithographie von Bils, 1842

alberner Zerstreuungen. Der Verlust derselben wird der Tod, gemeiniglich aber vor noch viel ärger als der Tod gehalten [...].

Die Ehre des Mannes besteht in der Schätzung seiner selbst, des Weibes im Urteil anderer.

Der Mann ist leicht zu erforschen, die Frau verrät ihr Geheimnis nicht [...].

Eine Frau verenget das Herz eines Mannes und gemeiniglich verliert man einen Freund wenn er heiratet.

Ein Verzagter ist allemal ein strenger Herr über den Schwächeren, sowie auch bei uns derjenige Mann jederzeit ein Tyrann in der Küche ist, welcher außer seinem Hause sich kaum erkühnt, jemandem unter die Augen zu treten.

Ein jeder Feige lügt, aber nicht umgekehrt. Was da schwach macht bringt Lügen hervor.

Der den das nicht überzeugt was offenbar gewiss ist ist ein Dummkopf. Den das nicht antreibt was offenbar eine Pflicht ist ist ein Bösewicht.

Regeln, die man sich selbst im Essen, im Spiel, im Umgange macht, werden oft zu Gesetzen erhoben, wenn man sich selbst wegen der Ausnahmen nicht viel Gutes, vornehmlich des Affekts wegen, zutraut.

Dass große Leute nur in der Ferne schimmern, dass ein Fürst vor seinem Kammerdiener viel verliert, kommt daher weil kein Mensch groß ist.

[…] man täuscht sich nirgends leichter, als in dem, was die gute Meinung von sich selbst begünstigt.

Der Mensch ist ein Gaukler von Natur und spielt eine fremde Rolle.

Von dem Tage an, da der Mensch anfängt durch Ich zu sprechen, bringt er sein geliebtes Selbst, wo er nur darf, zum Vorschein, und der Egoism schreitet unaufhaltsam fort; wenn nicht offenbar (denn da widersteht ihm der Egoism anderer), doch verdeckt, um mit scheinbarer Selbstverleugnung und vorgeblicher Bescheidenheit sich desto sicherer im Urteil anderer einen vorzüglichen Wert zu geben.

Die Gesellschaft macht dass man sich nur vergleichungsweise schätzt. Sind andre nicht besser als ich, so bin ich gut, sind alle schlechter, so bin ich vollkommen.

Die durch die Vernunft des Subjekts schwer oder gar nicht bezwingliche Neigung ist *Leidenschaft*. Dagegen ist das Gefühl einer Lust oder Unlust im gegenwärtigen Zustande, welches im Subjekt die *Überlegung* (die Vernunftvorstellung, ob man sich ihm überlassen oder weigern solle) nicht aufkommen lässt, der *Affekt*.

Affekten und Leidenschaften unterworfen zu sein, ist wohl immer *Krankheit des Gemüts*, weil beides die Herrschaft der Vernunft ausschließt.

Aber es ist gefährlich, mit dem Gemüt Experimente und es in gewissem Grade krank zu machen, um es zu beobachten und durch Erscheinungen, die sich da vorfinden möchten, seine Natur zu erforschen.

Denn nachgerade hält der Mensch das, was er sich selbst vorsätzlich ins Gemüt hineingetragen hat, für etwas, das schon vorher in demselben gelegen hätte, und glaubt das, was er sich selbst aufdrang, in den Tiefen seiner Seele nur entdeckt zu haben.

Mienen sind ins Spiel gesetzte Gesichtszüge, und in dieses wird man durch mehr oder weniger starken Affekt gesetzt, zu welchem der Hang ein Charakterzug des Menschen ist. [...] Oft wiederholte, die Gemütsbewegung auch unwillkürlich begleitende Mienen werden nach und nach stehende Gesichtszüge [...].

Der Affekt ist Überraschung durch Empfindung, wodurch die Fassung des Gemüts [...] aufgehoben wird. Er ist also übereilt, d. i. er wächst geschwinde zu einem Grade des Gefühls, der die Überlegung unmöglich macht (ist unbesonnen).

Die Leidenschaft hingegen (als zum Begehrungsvermögen gehörige Gemütsstimmung) lässt sich Zeit und ist überlegend.

*Leidenschaft* dagegen ist die zur bleibenden Neigung gewordene sinnliche *Begierde* (z. B. der *Hass* im Gegensatz des *Zorns*). Die Ruhe, mit der ihr nachgehangen wird, lässt Überlegung zu und verstattet dem Gemüt sich darüber Grundsätze zu machen und so, wenn die Neigung auf das Gesetzwidrige fällt, über sie zu brüten, sie tief zu wurzeln und das Böse dadurch (als vorsätzlich) in seine Maxime aufzunehmen; welches alsdann ein *qualifiziertes* Böse, d. i. ein wahres *Laster*, ist.

Leidenschaften sind Krebsschäden für die reine praktische Vernunft und mehrenteils unheilbar: weil der Kranke nicht will geheilt sein und sich der Herrschaft des Grundsatzes entzieht, durch den dieses allein geschehen könnte.

Affekt ist wie ein *Rausch*, der sich ausschläft, Leidenschaft als ein *Wahnsinn* anzusehen, der über einer Vorstellung brütet, die sich immer tiefer einnistet.

Affekten sind ehrlich und offen, Leidenschaften dagegen hinterlistig und versteckt.

Der Affekt wirkt wie ein Wasser, was den Damm durchbricht; die Leidenschaft wie ein Strom, der sich in seinem Bette immer tiefer eingräbt.

Der Selbstmord ist oft bloß die Wirkung von einem *Raptus*. Denn der, welcher sich in der Heftigkeit des Affekts die Gurgel abschneidet, lässt sich bald darauf geduldig sie wieder zunähen.

Die Affektlosigkeit ohne Verminderung der Stärke der Triebfedern zum Handeln ist das *Phlegma* im guten Verstande, eine Eigenschaft des wackeren Mannes [...], sich durch jener ihre Stärke nicht aus der ruhigen Überlegung bringen zu lassen.

Das Prinzip der *Apathie*: dass nämlich der Weise niemals im Affekt, selbst nicht in dem des Mitleids mit den Übeln seines besten Freundes sein müsse, ist ein ganz richtiger und erhabener moralischer Grundsatz der stoischen Schule; denn der Affekt macht (mehr oder weniger) blind. – Dass gleichwohl die Natur in uns die Anlage dazu eingepflanzt hat, war Weisheit der Natur, um *provisorisch*, ehe die Vernunft noch zu der gehörigen Stärke gelangt ist, den Zügel zu führen, nämlich den moralischen Triebfedern zum Guten noch die des [...] (sinnlichen) Anreizes, als einstweiliges Surrogat der Vernunft, zur Belebung beizufügen. Denn übrigens ist Affekt, für sich allein betrachtet, jederzeit unklug; er macht sich selbst unfähig, seinen eigenen Zweck zu verfolgen, und es ist also unweise ihn in sich vorsätzlich entstehen zu lassen. [...] Die *Naturgabe* einer *Apathie* bei hinreichender Seelenstärke ist, wie gesagt, das glückliche *Phlegma* (im moralischen Sinne). Wer damit begabt ist, der ist zwar darum eben noch nicht ein Weiser, hat aber doch die Begünstigung von der Natur, dass es ihm leichter wird als anderen, es zu werden.

Das Ende aller Dinge, die durch der Menschen Hände gehen, ist selbst bei ihren guten Zwecken *Torheit*: das ist, Gebrauch solcher Mittel zu ihren Zwecken, die diesen gerade zuwider sind. *Weisheit* [...] wohnt allein bei Gott; und ihrer Idee nur nicht sichtbarlich entgegenzuhandeln, ist das, was man etwa menschliche Weisheit nennen könnte. Diese Sicherung aber wider Torheit, die der Mensch nur durch Versuche und öftre Veränderung seiner Plane zu erlangen hoffen darf, ist mehr »ein Kleinod, welchem auch der beste Mensch nur nachjagen kann, ob er es etwa *ergreifen möchte*«; wovon er aber niemals sich die eigenliebige Überredung darf anwandeln lassen, viel weniger darnach verfahren, als ob er es *ergriffen habe.*

[...] das Ausfüllen der Zeit durch planmäßig fortschreitende Beschäftigungen, die einen großen beabsichtigten Zweck zur Folge haben [...], ist das einzige sichere Mittel seines Lebens froh und dabei doch auch *lebenssatt* zu werden.

Der größte Sinnengenuss, der gar keine Beimischung von Ekel bei sich führt, ist im gesunden Zustande *Ruhe nach der Arbeit.*

Der Schmerz ist der Stachel der Tätigkeit, und in dieser fühlen wir allererst unser Leben; ohne diesen würde Leblosigkeit eintreten.

Hang zur Gemächlichkeit ist für den Menschen schlimmer, als alle Übel des Lebens.

Der Mensch ist bedürftig aber auch über die Bedürfnisse mächtig.

[...] *Heilkunde* [...] ist alsdann *philosophisch*, wenn bloß die Macht der Vernunft im Menschen, über seine sinnliche Gefühle durch einen sich selbst gegebenen Grundsatz Meister zu sein, die Lebensweise bestimmt.

Das Christentum sagt, man soll sein Herz nicht an zeitliche Dinge hängen, hierunter wird nun auch verstanden, man solle frühzeitig verhüten dass keiner solche Anhänglichkeit sich erwirbt. Zuallererst aber Neigungen zu nähren und denn übernatürliche Beihülfe erwarten sie zu regieren, das ist Gott versuchen.

Wenn aber dabei nur kein Verstoß wider die Moralität vorkommt, so kann man einen der für alle Eräugnisse abgehärtet ist, wohl für glücklicher halten als den, der sich immer nur mit trüben Aussichten die Lust am Leben verkümmert. Unter allen Aussichten aber, die der Mensch nur haben kann, ist die wohl die tröstlichste, wenn er nach seinem gegenwärtigen moralischen Zustande Ursache hat, die Fortdauer und das fernere Fortschreiten zum noch Besseren im Prospekt zu haben. Dagegen wenn er zwar mutig den Vorsatz fasst, von nun an einen neuen und besseren Lebenswandel einzuschlagen, sich aber selbst sagen muss: es wird doch wohl nichts daraus werden, weil du öfters dieses Versprechen [...] dir gegeben, es aber immer unter dem Vorwande einer Ausnahme für dieses einzige Mal gebrochen hast: so ist das ein trostloser Zustand der Erwartung ähnlicher Fälle.

Aber die *Angewohnheit* [...] ist eine physische innere Nötigung nach derselben Weise ferner zu verfahren, wie man bis dahin verfahren hat. Sie benimmt den guten Handlungen eben dadurch ihren moralischen Wert, weil sie der Freiheit des Gemüts Abbruch tut [...].

Erhabene Gesinnung, welche Kleinigkeiten übersieht und das Gute unter den Mängeln bemerkt.

Wenn sich ein Mensch fände von dem ich gehasset würde, so würde es mich beunruhigen. Nicht als wenn ich mich vor ihm fürchtete, sondern weil ich es hässlich fände etwas an sich zu haben, was andern ein Grund eines Hasses werden könnte, denn ich würde vermuten dass ein anderer nicht ganz ohne alle scheinbare Veranlassung einen Widerwillen hätte fassen können. Ich würde ihn daher aufsuchen, ich würde mich ihm besser zu erkennen geben, und nachdem ich in ihm einiges Wohlwollen gegen mich hätte entstehen sehen, so würde ich mich hiebei gnügen lassen ohne jemals einen Vorteil daraus ziehen zu wollen.

Ich kann niemand besser machen als durch den Rest des Guten das in ihm ist, ich mag niemand klüger machen als durch den Rest der Klugheit die in ihm ist.

Das Wohlwollen ist eine ruhige Neigung andrer Glückseligkeit als einen Gegenstand seiner Freude. Auch als einen Bewegungsgrund seiner Handlungen anzusehen.

Der Mensch nimmt nicht eher Anteil an anderer Glück oder Unglück als bis er sich selbst zufrieden fühlt. Machet also dass er mit wenigem zufrieden sei, so werdet ihr gütige Menschen machen; sonst ist es umsonst.

So ist es Pflicht: nicht die Stellen, wo sich Arme befinden, denen das Notwendigste abgeht, umzugehen, sondern sie aufzusuchen, die Krankenstuben oder die Gefängnisse der Schuldener und dgl. zu fliehen, um dem schmerzhaften Mitgefühl, dessen man sich nicht erwehren könne, auszuweichen: weil dieses doch einer der in uns von der Natur gelegten Antriebe ist, dasjenige zu tun, was die Pflichtvorstellung für sich allein nicht ausrichten würde.

Ohne daran zu denken, dass wir in Rücksicht auf Gott nie mehr als unsere Schuldigkeit tun können, so ist es auch nur unsere Pflicht, dem Armen Gutes zu tun. Denn die Ungleichheit des Wohlstandes der Menschen kommt doch nur von gelegentlichen Umständen her. Besitze ich also ein Vermögen, so habe ich es auch nur dem Ergreifen dieser Umstände, das entweder mir selbst oder meinem Vorgänger geglückt ist, zu danken, und die Rücksicht auf das Ganze bleibt doch immer dieselbe.

Ich bin selbst aus Neigung ein Forscher. Ich fühle den ganzen Durst nach Erkenntnis und die begierige Unruhe darin weiter zu kommen oder auch die Zufriedenheit bei jedem Erwerb. Es war eine Zeit da ich glaubte dieses allein könnte die Ehre der Menschheit machen, und ich verachtete den Pöbel der von nichts weiß. *Rousseau* hat mich zurecht gebracht. Dieser verblendende Vorzug verschwindet, ich lerne die Menschen ehren und ich würde mich unnützer finden wie den gemeinen Arbeiter, wenn ich nicht glaubete dass diese Betrachtung allen übrigen einen Wert erteilen könne, die Rechte der Menschheit herzustellen.

Der einfältige Mensch hat sehr früh eine Empfindung von dem was Recht ist, aber sehr spät oder gar nicht einen Begriff davon.

[...] denn ein mit praktischem Vernunftvermögen und Bewusstsein der Freiheit seiner Willkür ausgestattetes Wesen (eine Person) sieht sich in diesem Bewusstsein selbst mitten in den dunkelsten Vorstellungen unter einem Pflichtgesetze und im Gefühl (welches dann das moralische heißt), dass *ihm*, oder durch ihn *anderen* Recht oder Unrecht geschehe.

Die größte Gefahr für Menschen in ihrem Verkehr untereinander ist die: anderen Unrecht zu tun. Unrecht zu leiden ist hiegegen für nichts zu achten und es zu dulden ist oft gar verdienstlich, wenn man hoffen darf dass eine solche Toleranz den Mutwillen zu beleidigen nicht noch verstärken dürfte.

Der ein Recht wieder jemand hat, kann ihn in allen Freuden stören, ihn vom Altar wegholen. Alle Macht des Himmels steht auf der Seite des Rechts.

Eine jede das Recht eines Menschen kränkende Tat verdient Strafe, wodurch das Verbrechen an dem Täter *gerächt* (nicht bloß der zugefügte Schade ersetzt) wird. Nun ist aber Strafe nicht ein Akt der Privatautorität des Beleidigten, sondern eines von ihm unterschiedenen Gerichtshofes, der den Gesetzen eines *Oberen* über alle, die demselben unterworfen sind, Effekt gibt, und wenn wir die Menschen (wie es in der Ethik notwendig ist) in einem rechtlichen Zustande, aber *nach bloßen Vernunftgesetzen* (nicht nach bürgerlichen) betrachten, so hat niemand die Befugnis Strafen zu verhängen und von Menschen erlittene Beleidigung zu rächen, als der, welcher auch der oberste moralische Gesetzgeber ist, und dieser allein (nämlich Gott) kann sagen: »Die Rache ist mein; ich will vergelten.« Es ist also Tugendpflicht nicht allein selbst bloß aus Rache die Feindseligkeit anderer nicht mit Hass zu erwidern, sondern selbst nicht einmal den Weltrichter zur Rache aufzufordern; teils weil der Mensch von eigener Schuld genug auf sich sitzen hat, um der Verzeihung selbst sehr zu bedürfen, teils und zwar vornehmlich, weil keine Strafe, von wem es auch sei, aus Hass verhängt werden darf. – Daher ist *Versöhnlichkeit* [...] Menschenpflicht [...].

Wenn es Pflicht, wenn zugleich gegründete Hoffnung da ist, den Zustand eines öffentlichen Rechts, obgleich nur in einer ins Unendliche fortschreitenden Annäherung wirklich zu machen, so ist der *ewige Friede*, der auf die bisher fälschlich so genannte Friedensschlüsse (eigentlich Waffenstillstände) folgt, keine leere Idee, sondern eine Aufgabe, die, nach und nach aufgelöst, ihrem Ziele (weil die Zeiten, in denen gleiche Fortschritte geschehen, hoffentlich immer kürzer werden) beständig näher kommt.

Sei menschlich, redlich, treu und schuldfrei im Gewissen!

Wenn ich meine Schuldigkeit tue, gehn mich Gute und Böse Folgen nichts an.

Man muss gut sein und das übrige erwarten.

Die Teilnehmung an anderer natürlichem Unglück ist nicht notwendig, wohl aber an anderer erlittenen Ungerechtigkeit.

Niemals empört etwas mehr als Ungerechtigkeit, alle andere Übel die wir ausstehen sind nichts dagegen.

Ein gewisser großer Monarch im Norden hat wie es heißt seine Nation zivilisiert, wollte Gott er hätte Sitten in sie gebracht, so aber war alles was er tat die politische Wohlfahrt und das moralische Verderben.

Man darf zwar auf die Gefahr des Verlustes seines Lebens etwas wagen, oder auch den Tod von den Händen eines andern erdulden, wenn man ihm nicht ausweichen kann, ohne einer unnachlasslichen Pflicht untreu zu werden, aber nicht über sich und sein Leben als Mittel, zu welchem Zweck es auch sei, disponieren und *so Urheber* seines Todes sein.

Es ist immer etwas Mühsames beim Gebrauch der Vernunft – man muss Scharfsinnigkeit gebrauchen, das Spiel des Witzes dabei unterscheiden. Daher sieht man gerne Wunder, i. e. solche Dinge die nicht durch unsere Vernunft zu begreifen sind. Sie geben der Vernunft Ferien. Wir hören gerne Wunderdinge, dergleichen Erzählungen sind angenehm, weil wir dadurch von den Beschwerungen der Vernunft losgesprochen werden.

Ein notwendiges Stück der Medizin ist der empirische Kopf, dazu gehört nicht Feinheit der Vernunft, um in abstracto zu urteilen, welches wohl auch seinen Nutzen hat. Vorzüglich muss der Medicus alle Umstände und ihre Verknüpfung bemerken, um auf die Spur zu kommen, was der Patient für eine Krankheit hat.

Ein Arzt zu dem ich viel Zutrauen habe, muss erfahren sein. Er darf eben nicht von der Struktur des menschlichen Leibes viel Erfahrung haben (denn die ist sehr klein und die Erkenntnis eingeschrankt, so hoch sie die Ärzte auch treiben) sondern von vielerlei Krankheiten, von denen sich dabei bedienenden Heilungmitteln, und von der Würkung derselben auf die Krankheiten. Hippokrates, der unter den Ärzten obenan stehet, wusste nichts von Zirkulation des Bluts, gleichwohl war er in seiner praxi so glücklich.

Alle Menschen suchen Reichtum, denn der Reichtum gibt eine souveräne Gewalt über alles, was in der Macht der Menschen stehet. Er vermehrt die Begierde, die wir haben, uns Vergnügen zu machen. Man glaubt vor Geld alles haben zu können, sogar Gesundheit und ein ruhiges Gewissen. Wer wollte nicht gerne ein unbeschränktes Mittel in Händen haben, jede Begierde stillen zu können? Aber ob das Geld würklich glücklich macht, ist eine andere Frage.

Es ist doch besonders, dass die Alten den Tod als ein Mittel zur Aufmunterung brauchten; weswegen auch der Schluss ihrer Grabschriften also lautete: Sei vergnügt und gebrauche dieses Leben, weil du im kurzem das bist, was dieser Verstorbene ist. *Die Alten waren nicht so wie wir itzt, uns durch die Todesfurcht Schrecken zu erwecken.* Einige von den alten Völkern verbrannten ihrer Toten wie z. B. die Römer, andere balsamierten sie wieder ein, wie die Egyptier. Beide standen in der Meinung dem Leichnam dadurch einen Gefallen zu erweisen. Die erstern glaubten dadurch die Seele von der Verbindung mit dem Körper ganz zu trennen, die letztere aber durchs Balsamieren, die Gemeinschaft der Seele mit dem Körper desto länger zu unterhalten.

In allen menschlichen Erkenntnissen muss etwas absolut Festes sein. Es muss einen Gebrauch unserer Talente geben, der etwas Neues ist, uns als ein Principium des Neuen angesehen werden kann.

Es muss ein Principium des Neuen sein, weil man doch von neuem anfangen muss; dieser Kopf, der dieses anfängt, heißt Genie, oder er hat Geist. Es muss eine Originalität des Talents haben, dieses kann nun bestehen entweder im Produkt selbst und *den Materialien* oder in der Form, auf welches letzte auch nur eigentlich das Genie geht, denn wir können selbst keine Materialien hervorbringen.

Es gibt einige welche geglaubt haben, dass schon einmal ein völlig vollkommner Zustand der Welt gewesen, der aber wieder angefangen hat abzunehmen; welches aber keine Wahrscheinlichkeit hat; denn wie ist es möglich, dass die Barbarei sich wieder ganz einschleichen sollte, wenn ein Volk einmal kultiviert ist?

Ein jeder Mensch hat einen Hang sein Urteil und seine Meinungen andern bekanntzumachen, und das ist keinem zu verdenken.

Sich selbst besser machen, sich selbst kultivieren und, wenn er böse ist, Moralität bei sich hervorbringen, das soll der Mensch.

Wenn die Starken in der Welt im Zustande eines Rausches sind, er mag nun von einem Hauche der Götter oder einer Mufette herrühren, so ist es einem Pygmäen, dem seine Haut lieb ist, zu raten, dass er sich nicht in ihren Streit mische, sollte es auch durch die gelindesten und ehrfurchtsvollsten Zureden geschehen; am meisten deswegen, weil er von diesen doch gar nicht gehört, von andern aber, die seine Zuträger sind, missgedeutet werden würde.

Eltern erziehen gemeiniglich ihre Kinder nur so, dass sie in die gegenwärtige Welt, sei sie auch verderbt, passen. Sie sollten sie aber besser erziehen, damit ein zukünftiger besserer Zustand dadurch hervorgebracht werde.

In der Tat fühlen nicht ohne Ursache die Menschen die Last ihrer Existenz, ob sie gleich Ursache derselben sind.

Das Bett ist das Nest einer Menge von Krankheiten.

Die Welt als Wirtshaus, Zuchthaus, Tollhaus oder Kloake.

Auf *Gemächlichkeit* muss die Diätetik nicht berechnet werden; denn diese Schonung seiner Kräfte und Gefühle ist Verzärtelung, d. i. sie hat Schwäche und Kraftlosigkeit zur Folge und allmähliges Erlöschen der Lebenskraft aus Mangel an Übung.

Zwei Dinge erfüllen das Gemüt mit immer neuer und zunehmender Bewunderung und Ehrfurcht, je öfter und anhaltender sich das Nachdenken damit beschäftigt: *der bestirnte Himmel über mir und das moralische Gesetz in mir*. Beide darf ich nicht als in Dunkelheiten verhüllt oder im Überschwenglichen, außer meinem Gesichtskreise suchen und bloß vermuten; ich sehe sie vor mir und verknüpfe sie unmittelbar mit dem Bewusstsein meiner Existenz.

X

## Vermischtes aus dem *Opus postumum*

Ist *Weltweisheit* ein treffendes Wort für *Philosophie*? Nein. Wissen. *Wissenschaft* u. *Weisheit.*

Philosophie bedeutet buchstäblich: nicht so wohl Weisheitslehre als vielmehr das Streben zu ihr Ihr liegt zum Grunde die Wissenschaft von der man oft und mit Recht sagt: *Weise* zu seyn ist besser als alles Wissen. Die Lehre der Zwecke vornehmlich die auf den Endzweck gerichtet ist.

Die Gantze Natur ruft der menschlichen Vernunft zu: es ist ein Gott d. i. eine höchste Macht welche die Welt erschaffen und sie zweckmäßig nach Regeln geordnet hat die wir uns nicht anders als nach der Analogie mit einer *Ursache* (die wir in uns wahrnehmen indem wir die Wirkung auf Zwecke beziehen) *die Verstand* hat vorstellig machen können weil wir nur durch unser Vermögen eines Verstandes uns einen Zusammenhang der Dinge nach Zwecken denken können wodurch sich uns die Idee einer obersten Ursache als höchste Intelligenz unwiederstehlich aufdringt.

Was macht der Mensch aus sich selbst?

Ob ein Gott in der Natur sey (gleichsam als Weltseele) kann nicht gefragt werden denn dieser Begriff ist contradictorisch; aber in der moralisch-practischen Vernunft und dem categorischen Imperativ offenbart er sich

Organischer Körper ist ein solcher der nur durch Zweck möglich ist. Enthält ein Lebensprinzip: also auch Spontaneität, nicht blos Receptivität.

Nicht Leben der Materie sonders eines Körpers. Ein lebender Körper ist organisirt; aber nicht umgekehrt.

Es ist fanatisch vom Daseyn und einer Wirkung die nur von Gott ausgehen kann eine Erfahrung oder auch nur Wahrnehmung die darauf hinwiese zu haben oder auch sie nur zu verlangen

NB die Melone muss heute gegessen werden mit dem Prof Gensichen und bey dieser Gelegenheit die Einkünfte von der Universitaet.

Den Hn Crim. R. Fensch in Betreff der Polizei zu befragen ob ein Bedienter dem man eine Zeit des Abends zu essen außer dem Hause erlaubt hat nicht gehalten ist genau diese Zeit u. Ort zu halten oder darüber ein freyer Herr sey.

Er muss anzeigen in welchem Wirtshause er sein Abendessen gehalten hat u. in welcher Zeit

*Leblosigkeit* die aufs Leben *folgt* ist der Todt

NB. Häuslichkeit: das trocken Obst von HE Lehmann wird nicht der Köchin zum Aufbewahren gegeben sondern *hinter dem Ofen* meiner Esstube in einem Sack der besiegelt ist oder 2 Säcken die oft geschüttelt werden

Ob nicht alle Menschen alle Augenblick erkranken u. beständig mehr oder weniger reconvalesciren indessen dass sie dadurch doch immer belebt werden. Der permanente Zustand ist der Tod.

Um beym Lesen der Gelehrten Zeitung des Nachts nicht die Mütze zu verbrennen muss die Zeitung nicht *neben* der Leserey sondern *zwischen* ihr und dem Leser liegen

Immanuel Kant

Miniatur von Friedrich Wilhelm Senewaldt, 1786

Vaccinatio Die Ruheiterimpfung nicht die Brutalimpfung

HE Rector Nicolai

Vacca eine Zange
Forceps eine Kuh
Rusticus ein Knebelspiß
Ein Nebulo bist Du

Lampe hat gestern nachmittag mein Kleid meinen Schlafrock in die Essstube hinter dem Ofen gehängt damit er nach dem Essen warm angezogen werden könne damit er nicht kalt angezogen werde.

Die Köchin hat wie rasend dem Lampe vorgeworfen dass er ihr den Willen lasse und ihn nicht als Herr des Hauses im Gehorsam zu erhalten wisse. Sie aber will selbst den H[n]. spielen

Homo homini lupus.

Der Mensch ist nicht im Besitz der Weisheit die allein bey Gott ist sondern schätzt sie allenfalls ohne sonderlich nach ihrem Besitz zu streben weil sie für ihn unerreichbar ist

Der Pferdebändiger der die Leidenschaften am Zügel regiert: sie nicht verweichelt verzärtelt aber auch nicht verschwielt (callös macht)

N.B. Balgscher Kumst weich gestopft zu mit Pfeffer und Klops ist ein erfrischendes gericht H F Doct. Motherby Cabliau Joseph Motherby

Ein *Kopf* – ein *Pinsel* Ein Kopf ist der aus eigenen Kräften was vermag Ein Pinsel der dem ein Anderer die Hand führen muss

Die Welt ist ein Thier: aber die Seele desselben ist nicht Gott

So ist es mit dem Weltgebäude als einem Ganzen bewandt. – Es ist im imerwährenden Werden

Electrische Stratificationen in hoher Luft. Nerven und *Fibrae* Warum fallen nicht die *Nägel* ebenso gut wie die *Zähne* aus?

Denn Mathematik ist eine Art von Gewerbzweig dessen sich der Philosoph bedienen kann, (Handwerk) reine Philosophie ein *Genieproduct*: worunter der Begriff und die *Lehre von Gott* und seinem Daseyn oder die Unerreichbarkeit der menschlichen Vernunft diese Idee zu fassen.

*Gott und die Welt* sind nicht allein als zwey verschiedene einzelne Wesen deren jedes eine absolute Einheit sondern auch absolute Einzelnheit enthält. Es sind nicht *mehrere Welten* so wenig als viel Götter denkbar, sondern es wohnt eine in der Andern. Sie sind heterogen. Eine ist auch nicht das Organ des andern.

Mein Deckbett mit Eyderdunen muss wieder vorgenommen werden die Wollene Decke hat mich diese Nacht frieren machen Die Wollene Decke muss wieder vorgenommen werden; aber *ohne einen Leinen Bezug.*

Religion ist nicht der Glaube an eine Substanz von besonderer Heiligkeit Rang und Obergewalt bey der man sich durch Einschmeichelung Kunst erwerben und Kunst verschaffen kann

Gott ist nicht ein Wesen außer Mir sondern blos ein Gedanke in Mir

Gott ist die moralisch-practische sich selbst gesetzgebende Vernunft – Daher nur ein Gott in mir um mich und über mir.

Die Welt ist das ganze Sinnenobject. Es giebt nicht Welten: denn so wäre jede das Aggregat derselben nicht Eine Welt.

Ebenso wenig als es Götter giebt (multa)

(Zwirnstrümpfe anzuschaffen die am Tage getragen werden und seidene Strumpfe drüber imgleichen neue blanklederne oder auch kalblederne)

Das Weibliche Geschlecht ist durchgehend in *Rivalität* ihrer Ansprüche gegen einander und einander sich den Vorzug abzugewinnen und stiften lieber die Männer gegen einander an.

Ein *Bettag* ist ein ganz überflüssiges Ding welches alle Sonntag abgekanzelt wird und nichts bewirkt. – Aber ein Bußtag Kraftvoll und Seeleneindringend vorgetragen ist ein warer *Heiliegentag*

Den Hut Zucker durch die Zuckerscheere in die Commode zu schneiden. Ein abgeschlagener Hirsch ein Kümmerer …

Die am *Himmelfarthstage* durch Versaltzung des Butterfisches früh morgendes fehlgeschlagene Kocherei muss nicht mehr vorkommen.

Bitte an die Obrigkeit im künftigen Calender anstatt des jährigen *Bethtages* einen jährigen *Bustag* künftig auszuschreiben.

Bußtag ist ein Tag, an welchem das Unrecht was ich andern (selbst der Obrigkeit die übrigens reich genug ist um den Schaden nicht zu fühlen) zufüge repariren muss.

Die Grasmücke über das pyraeneische Gebirge die pryraeneischen Gebirge

Die cordillera de los Andes ist den letzteren ähnlich. Die Grasmück über die Pyräneen.

Wann wird ans Oberschulcollegium von mir gedacht.

agere, facere, operari, leben, weben u. sind wir. Transsc. Zoonomie. Die Welt ist nicht ein Thier animal was Körper und Seele hat. Doch haben die Körper so viel Beziehungen ihrer Abhängigkeit von einander dass sie einem Thier gleicht.

Ich bin ein Gegenstand von mir selbst und meiner Vorstellungen. Dass noch etwas außer mir sey ist in Product von mir selbst. Ich mache mich selbst Der Raum kann nicht Wargenommen werden. (Aber auch nicht die bewegende Kraft im Raum in so fern sie ohne einen Korper der sie ausübt als wirklich vorgestellt wird.) Wir machen alles selbst.

Auch blos staubigte geschüttete Materie ist starr in allen ihren Theilen die garnicht zusammenhängen. Der Zusammenhang erfordert Flüssigkeit

Auch staubigte Materien sind starr [...] Die Zerreibbarkeit des Starren geht ins Unendliche

Der Waagbalken und überhaupt der belastete Hebel muss über seiner Unterlage sich nicht biegen oder brechen oder auch die Fäden welche die Arme desselben herabziehen nicht reissen wozu immer Anziehung als bewegende Kraft der Materie als Bedingung der subjectiven Wägbarkeit vorausgesetzt werden muss.

Organisirte Wesen sind die von welchen und in welchen ein jeder Theil um des anderen willen da ist, z. B. der Arm um der Hand willen der Baumstamm um der Früchte willen ja auch der andere um der Wölfe willen u.s.w. in einem System zusammen sind.

Wenn der Mensch das Machwerk irgend eines oberen Wesens ist, das Vernunft hat, so kann man ausrufen: o Mensch wo bist du her? zu gut für den Gott, zu schlecht fürs ohngefahr!

In der Neigung beider Geschlechter zu einander ist Schönheit in den Ausdrücken: *reitzend* und *edel* anziehend und sanft abstoßend vorgestellt. Was das *Geniesbaare* (des Kusses) betrifft – wo der Gegenstand *appetitlich* vorgestellt wird so überschreitet das die Grenzlinie der Schönheit.

Es ist ein gutes Princip im Menschen die Stimme des categ. Imperativs. Es ist kein böses Princip im Menschen (Energumenos), denn das ist ein Wiederspruch: Nur dass er die Principien in der Vernunft hat aber doch auch Sinnenreiz das ist das Böse in ihm das er selbst hasst.

Unter allen Gefahren in die der Mensch der etwas wagt gerathen kann ist die in Versuchung der Verletzung seiner Pflicht zu gerathen für einen wohldenkenden Menschen die größte ihrer Wichtigkeit nach obgleich was das oftere Eräugnis einer solchen Versuchung betrifft dieser Fall oft gnug vorkommt

In Todesgefahr zu gerathen ist allerdings ein großes Übel und wer sich darinn bringt da er es hat vermeiden können, *fehlt* (peccat) ist unklug aus Leichtsinn aber der welcher sich der Gefahr aussetzt zu einer lasterhaften That verleitet zu werden der *verbricht* (delinquit) wenn er sie gleich nicht ausgeubt hat und ist ein *böser* Mensch. – Andere Menschen aber vorsetzlich in die eine oder die andere dieser Gefahren durch Beyspiel oder Beredung zu bringen ist *Bosheit* (malitia). Ein habituell böser ist ein *verworfener* Mensch (malitia deperditus)

Nun wird die Frage aufgeworfen: Ist es erlaubt einen anderen in die eine oder die andere dieser Gefahren mit oder ohne seine Einwilligung zu bringen damit etwas Gutes – ein physisches oder moralisches Heil für Menschen herauskomme das ohne diese Gefährdung (periclitatio moralis) nicht bewirkt werden dürfte? Der Apostel sagt »dass deren die so denken Verdammnis ganz recht sey«. – Ein großes Beyspiel für diese casuistische jetzt sehr in Anregung gebrachte Frage ist eine besondere Art von Gefahren nämlich:

Die Pockennoth

Abgesehen von der moralischen Bedenklichkeit ein Übel in der Welt dem man steuern könnte geschehen zu lassen ja es wohl gar zu veranstalten wird dies so genannte Noth bey der Seltenheit einer Epidemie dieser Art gar wenig gefühlt und von der Unsicherheit des Lebens der Kinder überhaupt in der ersten Epoche desselben verschlungen ohne Aufsehen zu machen und es scheint dass es mehr den Ärzten darum zu tun ist ihrer Heilkunde Ehre zu machen, als einer vom Volk gefühlten großen Noth abzuhelfen wie etwa der Hungersnoth, Holtznoth, und d. g.

Es ist also bei dem Pockenübel was nun schon von undenklicher Zeit her in das Menschengeschlecht eingeartet zu seyn scheint die *Gefahr* nicht so wohl in dem was wir leiden müssen als was wir hiebey veranstalten sollen d. i. um die *Moralitat* unseres Verhaltens zu thun diese Krankheit und deren Abwendung entweder dem Zufall der Naturursachen zu überlassen mit Zuziehung der Meister in der Kunst nämlich der Ärzte oder sie uns vorsetzlich zu geben um sie methodisch zu behandeln und da sie von der besonderen Art ist dass wenn die Einimpfung einmal glücklich gelungen ist man jene nicht noch zum zweyten mal befürchten darf

Wie es einmal mit unserer Gattung steht so ist das Pockenübel und die damit verbundene Gefahr

Die Glückseeligkeitslehre ist das Princip der Gymnastik (negativ, sustine et abstine) und das Wohlsein (salus) mens sana in corpore sano setzt doch *moral* voraus.

Fiat exper. in corpore vili und unter die vilia wird jeder Unterthan der nicht zugleich gesetzgebend (nicht republicanisch) ist verstanden. Pockenimpfung gehört also unter den Titel der heroica.

Die Größte Gefahr für Menschen in ihrem Verkehr untereinander ist die: anderen Unrecht zu thun. Unrecht zu leiden ist hiegegen für nichts zu achten und es zu dulden ist oft gar verdienstlich wenn man hoffen darf dass eine solche Toleranz den Muthwillen zu beleidigen nicht noch verstärken dürfte.

Unter den mancherlei Nöthen die das Schicksal über das menschliche Geschlecht verhängt hat ist eine Noth Krankheit wegen deren man in größerer Gefahr ist wenn man sich der Natur überlässt als wenn man ihr zuvorkommt und sie sich selbst zufügt um sie mit mehrer Sicherheit heilen zu können nämlich die *Pockennoth* von welcher hier nun die moralische Frage ist ob der vernünftige mensch sie sich und anderen die selbst kein Urtheil haben (Kindern) die Blattern durch Einimpfung zu geben *befugt* sey oder ob diese Art sich in Gefahr des Todes (oder der Verstümelung) zu setzen nicht gäntzlich moralisch unzulässig sey hierüber also nicht blos der Arzt sondern der moralische Rechtslehrer in Anspruch genommen werden müsse.

Die Pockennoth ist darum eine der am meisten bekümmernden weil das Mittel wieder dieselbe zugleich der Moralitaet entgegen scheint

Unter allen Nöthen ist die Gefahr in ein Gedränge zu gerathen den moralischen Grundsatzen abtrünnig zu werden: allein diese Noth kann jederzeit überwunden werden weil der Mensch das jederzeit kann was er soll wenn unumgängliche Pflicht ihm vor Augen gestellt wird.

Das Leben (welches in so fern es vollkommen gedacht wird mit Gesundheit synonym ist) besteht nach dem Verfasser in dem harmonischen Zusamenflussen aller relativen Thätigkeiten der zu einem System im Thierischen Körper verbundenen Organe unter der Leitung eines ihnen allen gemeinschaftlichen sensitiven Princips

XI

# Anhang:

## Anekdotisches über Person und Leben des Philosophen

Hr. Kant pflegte oft zu sagen, dass wenn der Mensch alles, was er dächte, sagen und schreiben wollte, nichts Schrecklicheres auf Gottes Erdboden wäre, als der Mensch.

*Theodor Gottlieb von Hippel*

Als Wirt zeigte sich Kant noch von einer interessanteren Seite; er verband dann mit seiner feinen gesellschaftlichen Bildung eine zuvorkommende Aufmerksamkeit und Gefälligkeit und bot alles auf, um seine Gäste auf die angenehmste Art zu unterhalten und zu vergnügen. Er war so aufmerksam auf seine Gäste, dass er sich sogar ihre Lieblingsgerichte merkte und diese für sie zubereiten ließ. Dann forderte er mit einer solchen freundlichen Gutmütigkeit zum Genuss auf und freute sich über den Appetit seiner Gäste so sehr, dass man schon deshalb seiner Tafel mehr wie gewöhnlich zusprach. Man war an seinem Tische auch ganz ungeniert; man äußerte freimütig

Immanuel Kant

Bronzestatuette von Christian Daniel Rauch, 1848–55

seine Wünsche und erregte dadurch gerade die größte Freude. Der gefällige Wirt wusste seine Gäste so ganz von allem Zwange zu entbinden, dass ein jeder in seinem eignen Hause zu leben glaubte.

*Reinhold Bernhard Jachmann*

Kant liebte keine Belustigungen, noch weniger Schwärmereien, gewöhnte auch seine Zuhörer unmerklich zu gleicher Gesinnung. Das Billiard Spiel war seine eintzige Erholung; Wlömer und ich, waren dabei stets seine Begleiter. Wir hatten die Geschicklichkeit in diesem Spiel beinahe aufs höchste gebracht, giengen selten ohne Gewinn nach Hause; ich habe dem französischen Sprachmeister ganz von dieser Einnahme bezalt; Weil aber in der Folge Niemand mehr mit uns spielen wollte; so gaben wir diesen Erwerbs Artickel ganz auf, und wählten das l'ombre Spiel welches Kant gut spielte.

*Christoph Friedrich Heilsberg*

Er war kein großer Verehrer des weiblichen Geschlechts, behauptete auch, dass sie nirgends, als in ihrem Hause, durch häusliche Tugenden, Achtung verdienten; sprach selten von ihrer guten und schlechten Seite. Dem ohngeachtet hielt er den Ehestand für Bedürfnis und nothwendig. Ihm selbst waren die

Auffmunterungen zum heirathen sehr zuwieder. Er ging mit Unwillen aus einer Gesellschaft, in welcher ihm auch nur im Schertz dazu Vorschläge geschahen. Indessen verriet er, soviel ich weiß zweimal in seinem Leben, eine ernsthafte Absicht zum heirathen; einmal traff der Gedanke eine gut gezogene sanfte und schöne auswärtige Wittwe, die hier Anverwandte besuchte. Er leugnete nicht, dass es eine Frau wäre, mit der er gerne leben würde; berechnete Einnahme und Ausgabe; und schob die Entschliessung einen Tag nach dem andern auf. Die schöne Wittwe besuchte auch Freunde im Oberlande, und ward daselbst anderweitig verheirathet. Das zweite mahl, rührte ihn ein hübsches Westphälisches Mädchen, welche von einer adlichen Dame, die Besitzungen in Preussen hatte, als Reise Gesellschafterin mitgebracht war; *Kant* war mit dieser artigen, zugleich häuslich erzogenen Person gerne in Gesellschaft; und ließ sichs oft merken, säumte aber wieder so sehr mit seinen Anträgen, dass er sich vornahm einen Besuch bei ihr abzustatten, da sie mit ihrer Gebieterin sich schon an der Westphälischen Grentze befand. Von der Zeit ab wurde nicht mehr an Heirathen gedacht. Loben mag ich meinen Freund nicht, er war aber ein außerordentlicher über alles Lob erhabener Mann.

*Christoph Friedrich Heilsberg*

Vor mehr als 40 Jahren schon hatte K. es sich selbst und bei Gelegenheit, uns, seinen damaligen Zuhörern, eingeprägt, der Mensch müsse in der Kleidungsart nie ganz aus der Mode sein wollen; es sei, setzte er hinzu, durchaus Pflicht, keinem in der Welt einen widerlichen oder auch nur auffallenden Anblick zu machen. Er nannte das schon damals eine Maxime, die genau zu beobachten wäre, dass man unter andern in der Wahl der Farben zu Kleid und Weste sich genau nach den Blumen richten müsse. Die Natur, sagte er, bringt nichts hervor, das dem Auge nicht wohltut; die Farben, die sie aneinander reihet, passen sich auch immer zusammen. So gehöre z. B. zu einem braunen Oberkleide eine gelbe Weste; dieses wiesen uns die Aurikeln. K. kleidete sich auch immer anständig und gewählt. Späterhin liebte er besonders melierte Farben. Eine Zeitlang sah man ihn in Kleidern, deren Saum mit einem goldnen Schnürchen umfasst war. Den Degen hielt er sich anständig, so lange ihn Geschäftsmänner trugen; legte ihn aber, da diese Sitte aufhörte, sehr gerne als ein ihm lästiges und sehr entbehrliches Anhängsel ab. Seinen Hut allein, so weit ich gemerkt habe, unterwarf er nie dem Gesetze der Mode. Dieser blieb bei allen Wandlungen gleich. Einer von diesen war seit länger als 20 Jahren von ihm gebraucht. Die eine niedergeschlagene Krempe desselben diente ihm zugleich beim Lesen und Schreiben statt eines Augenschirms. Gerade dieser ward bei einer Versteigerung des Nachlasses mit einer sehr beträchtlichen Summe Geldes bezahlt. Freilich – nicht wegen der Form oder des innern Werts, sondern weil es eine Reliquie von K. war.

*Ludwig Ernst Borowski*

In der Gesellschaft dieses geistreichen, edelgesinnten und sonderbaren Mannes [des englischen Kaufmanns Green] fand Kant so viele Nahrung für seinen Geist und für sein Herz, dass er sein täglicher Gesellschafter wurde und viele Jahre hindurch mehrere Stunden des Tages bei ihm zubrachte. Kant ging jeden Nachmittag hin, fand Green in einem Lehnstuhle schlafen, setzte sich neben ihm, hing seinen Gedanken nach und schlief auch ein; dann kam gewöhnlich Bancodirektor Ruffmann und tat ein Gleiches, bis endlich Motherby zu einer bestimmten Zeit ins Zimmer trat und die Gesellschaft weckte, die sich dann bis sieben Uhr mit den interessantesten Gesprächen unterhielt. Diese Gesellschaft ging so pünktlich um sieben Uhr auseinander, dass ich öfters die Bewohner der Straße sagen hörte: es könne noch nicht sieben sein, weil der Professor Kant noch nicht vorbeigegangen wäre. Am Sonnabende blieben die Freunde, zu welchen sich denn noch der schottische Kaufmann Hay und einige andere gesellten, zum Abendessen versammelt, welches aus einer sehr frugalen kalten Küche bestand.

Dieser freundschaftliche Umgang fiel in das Mittelalter unseres Weltweisen und hat unstreitig auf sein Herz und auf seinen Charakter einen entscheidenden Einfluss gehabt. Greens Tod veränderte auch Kants Lebensweise so sehr, dass er seit dieser Zeit nie mehr eine Abendgesellschaft besuchte und dem Abendessen gänzlich entsagte. Es schien, als wenn er diese Zeit, die einst der vertrautesten Freundschaft geheiligt war, zum Opfer für den abgeschiedenen Busenfreund bis an sein Lebensende in stiller Einsamkeit verbringen wollte.

*Reinhold Bernhard Jachmann*

Aber, fügte Pörschke hinzu, mit Kants Glaube sieht es sehr windig aus. Da ich ihn so lange kenne, sein vieljähriger Schüler gewesen bin, noch wöchentlich bei ihm esse: so glaube ich ihn hierüber genau zu kennen. Dass er manchmal so erbaulich spricht, ist ihm noch von früheren Eindrücken übrig geblieben. Er hat mich oft versichert, er sei schon lange Magister gewesen und habe noch an keinem Satze des Christentums gezweifelt. Nach und nach sei ein Stück ums andere abgefallen.

*Johann Friedrich Abbegg*

Kants Gutmütigkeit artete oft in eine zu ängstliche Besorgnis aus, jeden auch nur möglichen Schaden zu verhüten, wie Sie dies aus folgendem Zuge werden abnehmen können. Eines Tages stieß sein Bedienter an ein Weinglas und zerbrach es. Kant ließ sorgfältig alle Stücke des Glases auf einen Teller zusammenlesen und vor sich hinsetzen. Kaum hatten wir abgegessen, so wünschte er, dass wir selbst das Glas vergraben möchten, weil er dieses unmöglich seinem Bedienten anvertrauen könnte. Dieser musste einen Spaten holen und inzwischen gingen wir allenthalben im Garten umher, um einen schicklichen Platz für das zerbrochene Glas aufzusuchen. Bei jedem Vorschlage machte er den Einwand, es wäre doch möglich, dass einmal ein Mensch daran Schaden nehmen könnte, bis endlich nach vieler Überlegung an einer alten Mauer eine Stelle dazu ausgefunden und eine tiefe Grube gegraben wurde, wo die Glasstücke in unserm Beisein sorgfältig verscharrt wurden. Mir sind mehrere ähnliche Züge von seiner ängstlichen Gutmütigkeit bekannt.

*Reinhold Bernhard Jachmann*

Unser verstorbene, vom alten Fritz sehr hochgehaltene Geheime Finanzrat Wlömer ward einst nach Königsberg zur Revision der dortigen Bank gesandt.

Dort findet er nach 40 Jahren einen ehemaligen

Stubenburschen, den alten Kant wieder, und man freut sich heut und früherer Jahre.

»Aber«, spricht der Kant, »hast du Geschäftsmensch wohl auch einmal Lust, meine Schriften zu lesen?« – »O ja! und ich würde es noch öfter tun, nur fehlen mir die Finger.« – »Wie versteh' ich das?« – »Ja, lieber Freund, Eure Schreibart ist so reich an Klammern und Vorbedingtheiten, welche ich im Auge behalten muss; da setze ich den einen Finger aufs Wort, dann den zweiten, dritten, vierten, und ehe ich das Blatt umschlage, sind meine Finger alle.«

*Karl Friedrich Zelter an Goethe*

Im neuesten Hefte der Gränzboten ist ein Aufsatz über Fichte, worin Kant nach Gebühr sehr hochgestellt, aber von ihm gesagt wird, er habe die in seine alten Tage fallende französische Revolution nicht beachtet; das ist grundfalsch! Er lebte und webte in ihr, und hielt ungeachtet aller Gräuel seine Hoffnungen auf sie so fest, dass er, als er die Verkündigung der Republik erfuhr, lebhaft ausrief: »Herr! Nun lasse Deinen Diener in Frieden dahin fahren, denn ich habe das Heil der Welt gesehen!«

*Karl August Varnhagen von Ense*

Schon im Jahre 1799, da sie kaum bemerkbar wurde, sagte er einst, indem er sich über seine Schwäche erklärte, in meiner Gegenwart: *»Meine Herren, ich bin alt und schwach, sie müssen mich wie ein Kind betrachten.«*

*Ehregott Andreas Christoph Wasianski*

Wenn er arbeitet, muss vollkommene Ruhe um ihn herrschen, nichts darf ihn stören. Dieses erstreckte sich selbst bis auf seine Vorlesungen. Das mindeste Geräusch war hinreichend, besonders in seinem höhern Alter, den Faden seines Vortrags verwirren oder gar zu zerreissen. Um seine Aufmerksamkeit zu fixiren, pflegte er gewöhnlich seinen Blick auf denjenigen aus den Zuhörern zu richten, der ihm gerade gegenüber saß. Dieß war eine Zeitlang ein junger Mann, welchem ein Knopf an seinem Rocke fehlte, und der diesem Mangel aus Nachlässigkeit nicht abhalf. Kant blickte mit unverwandten Augen auf ihn, und auf die Stelle an seinem Rocke hin, wo der Knopf fehlte und blieb so ungestört. Kurz darauf ließ sich der Student einen neuen Knopf annähen, und erschien wieder an seinem gewöhnlichen Platze. Jetzt war der Professor während der ganzen Stunde zerstreut, verlohr öfter den Faden seines Vortrags, und in seinen Beweisgründen herrschte kein Zusammenhang. Nach geendigter Vorlesung ließ er den Studenten zu sich kommen, und sagte zu ihm: er habe seit geraumer Zeit bemerkt, dass ihm ein Knopf an seinem Rocke fehle. Der junge Mann fiel ihm hier in die Rede, und bat um Verzeihung, dass er so lange nachlässig genug gewesen sei, sich den Knopf nicht wieder annähen zu lassen. Nein, nein, erwiederte Kant, das meine ich nicht; ich wünschte vielmehr, dass sie den Knopf wieder wegnehmen ließen; denn er stört mich.

*Julius Gustav Meißner*

Kant verfiel gegen das Ende seines Lebens in die sonderbare Gewohnheit laut zu sprechen, ob er gleich das, was er sagte, nur zu denken wähnte. So sagte er einst vor seinen Gästen, deren er immer einige um sich hatte und die diesen Tag vielleicht nicht aufheiternd genug für ihn gestimmt sein mochten, so als ob er sie nicht bemerkte: »Gott! was hab' ich heut für eine abscheulich langweilige Gesellschaft!«

*Anonym*

# Anhang

# Textnachweise

Die in der vorliegenden Ausgabe wiedergegebenen Texte von Immanuel Kant folgen der »Akademie-Ausgabe«:

> Kant's gesammelte Schriften. Hrsg. von der Königlich Preußischen Akademie der Wissenschaften. Berlin: Reimer (ab Bd. 9: de Gruyter), 1900 ff.

Auf sie wird im folgenden unter Angabe von Band und Seitenzahl sowie der Sigle des Werktitels verwiesen.

Die im Anhang (Kap. XI) wiedergegebenen Anekdoten über Kant entstammen der eindrucksvollen Sammlung

> Immanuel Kant in Rede und Gespräch. Hrsg. und eingel. von Rudolf Malter. Hamburg: Meiner, 1990.

Auf sie wird hier unter Angabe der Seitenzahl verwiesen.

## *Siglen der Werktitel*

| | |
|---|---|
| AllgNatur | Allgemeine Naturgeschichte und Theorie des Himmels |
| Anfang | Mutmaßlicher Anfang des Menschengeschlechts |
| Anth | Anthropologie in pragmatischer Hinsicht |
| Bem | Bemerkungen zu den Beobachtungen über das Gefühl des Schönen und Erhabenen |
| Beo | Beobachtungen über das Gefühl des Schönen und Erhabenen |
| Denkverse | Denkverse zu Ehren verstorbener Kollegen |

| | |
|---|---|
| Ende | Das Ende aller Dinge |
| Idee | Idee zu einer allgemeinen Geschichte in weltbürgerlicher Absicht |
| KdU | Kritik der Urteilskraft |
| Krankheiten | Versuch über die Krankheiten des Kopfes |
| MdS | Die Metaphysik der Sitten |
| Nachricht | Nachricht von der Einrichtung seiner Vorlesungen in dem Winterhalbenjahre von 1765–1766 |
| Op.post | Opus postumum |
| Päd | Pädagogik |
| PhilEnz | Philosophische Enzyklopädie |
| Refl | Reflexionen zur Anthropologie |
| Rel | Die Religion innerhalb der Grenzen der bloßen Vernunft |
| Streit | Der Streit der Fakultäten |
| ZeF | Zum ewigen Frieden |

Die Orthographie wurde, unter Wahrung des Lautstandes und grammatischer Gegebenheiten des damaligen Sprachzustands, behutsam dem heutigen Gebrauch angeglichen. Lediglich bei den Zitaten aus dem Opus postumum (Kap. X) und bei den im Anhang zitierten Anekdoten (Kap. XI) wurde die Orthographie der Vorlage unverändert beibehalten.
Die Interpunktion wurde weitgehend unverändert gelassen.

## I
## Theoretisches zum Vergnügen

**9** Beo; 2,207 ff.

## II
## »Schöne Fehler«
## Wahres und Vergnügliches über die Geschlechter

**17** Beo; 2,228 ff.

## III
## Laffen, Gecken, Grillenfänger

**31** Beo; 2,211 ff.

## IV
## Das vereinigte Paar – »gleichsam als eine einzige moralische Person«

**40** Beo; 2,235 ff.

## V
## Von den Nationalcharakteren

**55** Beo; 2,243 ff.

## VI
## Wer lacht – der Körper oder der Mensch?

**77** 1 Anth; 7,235 f. | 2 Anth; 7,238. | 3 Anth; 25,1,133. | **78** 1 Anth; 25,1,138. | 2 Anth; 25,1,139 f. | **79** Anth; 25,1,140 f. | **80** 1 Anth; 25,1,142. | 2 Anth; 25,1,143 f. | 3 Anth; 25,1,145. | **81** 1 Anth; 25,1,145. | 2 Anth; 25,1,146. | **82** 1 Anth; 25,1,146. | 2 Anth; 25,1,115. | **83** 1 Anth; 25,1,116. | 2 Anth; 25,1,116 f. | 3 Anth; 25,1,117. | **84** 1 Anth; 25,1,118. | 2 Refl; 15,622. | 3 KdU;

5,332. | **85** 1 Anth; 25,1,168. | 2 Anth; 25,1,169. | 3 Anth; 25,1,169. | **86** 1 Anth; 25,1,169. | 2 Anth; 25,1,170. | **87** 1 Anth; 25,1,170. | 2 Anth; 25,1,171 f. | **88** Anth; 25,1,331–333. | **90** 1 Bem; 20,181. | 2 Bem; 20,192. | 3 Refl; 15,202. | 4 Bem; 20,15. | 5 Anth; 7,261.

VII

## Genie oder Magister?

**93** 1 PhilEnz; 29,1,1,7. | 2 PhilEnz; 29,1,1,7 f. | **94** 1 PhilEnz; 29,1,1,8. | 2 PhilEnz; 29,1,1,8. | **95** 1 ZeF; 8,369. | 2 PhilEnz; 29,1,1,23. | 3 Anth; 7,204 f. | **96** 1 Anth; 25,2,737. | 2 Anth; 25,2,1057. | **97** 1 Anth; 25,2,1057. | 2 Anth; 25,2,1058. | **98** 1 Krankheiten; 2,267. | 2 Anth; 7,198. | 3 Anth; 7,205. | **99** 1 Anth; 7,236. | 2 Anth; 25,1,126 f. | **100** 1 Anth 25,1,128. | 2 Bem; 20,179. | 3 Anth; 7,201. | **101** 1 Anth; 7,165. | 2 Refl; 19,123. | 3 Anth; 7,152. | **102** 1 MdS; 6,409. | 2 Bem; 20,42. | 3 Anth; 7,325 f. | **103** Anfang; 8,117. | **104** 1 PhilEnz; 29,1,1,25. | 2 PhilEnz; 29,1,1,26. | **105** 1 PhilEnz; 29,1,1,29. | 2 PhilEnz; 29,1,1,29. | **106** 1 PhilEnz; 29,1,1,30. | 2 PhilEnz; 29,1,1,30. | **107** 1 Päd; 9,461. | 2 Päd; 9,461. | **108** 1 Refl; 15,213. | 2 Bem; 20,187. | 3 Refl; 19,200. | 4 Anth; 7,130. | 5 Päd; 9,469. | **109** 1 Bem; 20,39. | 2 Anth; 25,1,166. | **110** 1 Streit; 7,63. | 2 Nachricht; 2,306.

VIII

## Der Mensch: ein Gaukler von Natur?

**111** 1 Idee; 8,23. | 2 Rel; 6,33. | 3 AllgNatur; 1,356. | **112** 1 Beo; 2,41. | 2 KdU; 5,274. | **113** 1 Brief an Christian Garve, 7. August 1783; 10,343. | 2 Anth; 7,272. | 3 Bem; 20,93. | 4 KdU; 5,276. | **114** 1 Krankheiten; 2,261. | 2 Bem; 20,9. | **115** 1 Bem; 20,114. | 2 Anth; 7,308. | 3 Bem; 20,55. | 4 Bem; 20,101. | **116** 1 Refl; 15,349. | 2 Anth; 7,234 f. | 3 KdU; 5,434. | **117** 1 Streit; 7,104. |

2 Bem; 20,122. | **118** 1 KdU; 5,290. | 2 Bem; 20,181. | 3 Anth; 25,1,114. | **119** 1 Anth; 25,1,115. | 2 Anth; 25,1,118. | **120** 1 Bem; 20,186. | 2 Anth; 25,1,119–121. | **121** Anth; 25,1,123 f. | **122** 1 Anth; 25,1,130. | 2 Anth; 25,1,150. | **123** Anth; 25,1,151. | **124** Anth; 25,1,152.

## IX
## Die geschäftige Torheit der Gattung

**125** 1 Streit; 7,82. | 2 Bem; 20,46. | 3 Bem; 20,52. | **127** 1 Bem; 20,8. | 2 Anth; 7,303 f. | 3 Bem; 20,99. | 4 Beo; 2,254. | 5 Bem; 20,20. | **128** 1 Bem; 20,55. | 2 Refl; 18,128. | 3 Bem; 20,30. | 4 Rel; 6,68. | 5 Refl; 15,92. | 6 Anth; 7,128. | **129** 1 Bem; 20,95. | 2 Anth; 7,251. | 3 Anth; 7,251. | 4 Anth; 7,216. | **130** 1 Anth; 7,161 f. | 2 Anth; 7,300 f. | 3 Anth; 7,252. | **131** 1 Anth; 7,252. | 2 MdS; 6,408. | 3 Anth; 7,266. | 4 Anth; 7,253. | **132** 1 Anth; 7,252. | 2 Anth; 7,252. | 3 Anth; 7,213. | 4 Anth; 7,252. | 5 Anth; 7,253 f. | **133** Ende; 8,336. | **134** 1 Anth; 7,234. | 2 Anth; 7,276. | 3 Anth; 7,231. | 4 Päd; 9,477. | **135** 1 Bem; 20,172. | 2 Streit; 7,100 f. | 3 Bem; 20,34. | 4 Anth; 7,186. | **136** 1 Anth; 7,149. | 2 Bem; 20,29. | 3 Bem; 20,87. | **137** 1 Bem; 20,35. | 2 Bem; 20,134. | 3 Bem; 20,25. | **138** 1 MdS; 6,457. | 2 Päd; 9,491. | 3 Bem; 20,44. | **139** 1 Bem; 20,26. | 2 Anth; 7,324. | 3 Op.post; 22,302. | **140** 1 Refl; 19,224. | 2 MdS; 6,460 f. | **141** 1 ZeF; 8,386. | 2 Denkverse; 12,396. | 3 Refl; 19,253. | 4 Bem; 20,19. | **142** 1 Bem; 20,3. | 2 Bem; 20,36. | 3 Bem; 20,35. | 4 Rel; 6,81. | 5 Anth; 25,1,159. | **143** 1 Anth; 25,1,163. | 2 Anth; 25,1,163 f. | **144** 1 Anth; 25,1,171. | 2 Anth; 25,1,173 f. | **145** 1 Anth; 25,2,783. | 2 Anth; 25,2,783 f. | 3 Anth; 25,2,840 f. | 4 PhilEnz; 29,1,1,27. | **146** 1 Päd; 9,446. | 2 Brief an Carl Spener, 22. März 1793; 11,417. | 3 Päd; 9,447. | 4 Ende; 8,332. | **147** 1 Streit; 7,101. | 2 Ende; 8,331. | 3 Streit; 7,100. | 4 KpV; 5,163.

## X
## Vermischtes aus dem Opus postumum

**148** 1 21,130. | 2 21,127. | 3 21,344. | **149** 1 21,94. | 2 21,92. | 3 21,60. | 4 21,65. | 5 21,74. | 6 21,80. | **150** 1 21,49. | 2 21,100. | 3 21,112. | 4 21,118. | 5 21,119. | **152** 1 21,119. | 2 21,121. | 3 21,124. | **153** 1 21,132. | 2 21,132. | 3 21,134. | 4 21,137. | 5 21,138. | 6 21,139. | 7 1 21,140. | **154** 1 21,140 f. | 2 21,142. | 3 21,143. | 4 21,145. | **155** 1 21,145. | 2 21,147. | 3 21,148. | 4 21,150. | 5 21,153. | **156** 1 21,154. | 2 21,154. | 3 21,155. | 4 21,158. | 5 22,62. | **157** 1 22,82. | 2 22,143. | 3 22,150. | 4 22,157. | **158** 1 22,179. | 2 22,288. | 3 22,288. | 4 22,290. | **159** 1 22,295. | 2 22,296 f. | **161** 1 22,298. | 2 22,298. | 3 22,302. | **162** 1 22,304. | 2 22,304. | 3 22,511.

## XI
## Anhang:
## Anekdotisches über Person und Leben des Philosophen

**163** 1 96. | 2 9. | **165** 1 19. | 2 22 f. | **167** 34 f. | **168** 136. | **169** 152 f. | **170** 1 223. | 2 342 f. | **171** 348. | **172** 1 473. | 2 509. | **173** 551 f.